s, et des orateurs aux troupes de la
ablons, pour fraterniser et s'attirer
ance; font insérer dans les journaux
ncendiaires; procurent des armes aux
ment un comité central; occupent la
emparent du dépôt de chevaux; arrê-
pt en ôtage des députés sortis de l'as-
déclarent indépendantes de l'autorité
lion; s'assurent quelques bataillons
ationale; font prendre quelques pièces
Belleville; enfin, nomment le général
nmandant des forces parisiennes.
et Barras font leurs dispositions mili-
lent les approches des Tuileries en
e inaccessibles; l'assemblée est entou-
es, et un bataillon, avec une pièce

prudens; ils prévirent qu'on en
tence, et en effet l'instant était
gissait de maintenir en fonction
députés. La nouvelle consti...
soumise à l'acceptation des ass...
et cette constitution, disaient
devait satisfaire tous les intérê...
haines, assurer le repos de la F...
la faction anarchique, elle étai...
la nation, à la tenir dans une d...
Tandis que la convention fait...
sur Paris, en confie le comma...
Menou, et puis à Barras, qui
en qualité de général de divisi...
second l'armée de l'intérieur;
clare qu'en cas d'attaque le d
soils se retirent à Châlons-su...

HOMONYMES.

On trouve à la même adresse :

1o. Le *Cours complet de Langue française par trois de-grés d'analyse*, 2 vol. in-12 ;

2o. Le *Cours de latinité élémentaire*, 2 vol. in-12 ;

3o. Le *Cours d'Études élémentaires* sur la géographie, l'histoire, etc. Il y a actuellement onze parties, qui se vendent séparément ;

4o. Le *Causeur*, bibliothèque d'histoire, de littéra-ture, etc.

5o. *Pratique de l'Art d'écrire*, ou Exercices gradués de compositions françaises ;

Et autres ouvrages d'éducation, du même auteur. (Voir le Catalogue, qui se donne et s'envoie *gratis.*)

AVIS.

Avec cet ouvrage, les élèves apprennent le sens et l'orthographe d'un très grand nombre de mots de la langue française, et prennent l'excellente habitude de remonter aux étymologies.

On leur fait copier avec soin les phrases telles qu'elles sont. Ensuite, sans fatiguer leur mémoire en les obligeant d'apprendre les phrases par cœur, on leur demande l'orthographe, et, si on le juge nécessaire, la signification de l'homonyme, dans une phrase du livre, ou autre, qu'on leur cite. Nous pouvons assurer, d'après une longue expérience, et d'après de nombreux témoignages, que cet exercice les intéresse et les amuse par sa facilité et sa variété, leur donne beaucoup d'idées justes sur le sens des mots, et leur fait faire de rapides progrès dans l'orthographe.

IMPRIMERIE DE J.-L. BELLEMAIN,
rue St.-Denis, n° 268.

HOMONYMES

DE

LA LANGUE FRANÇAISE,

Faisant partie du *Cours de Langue Française par différens degrés d'analyse.*

SECONDE ÉDITION,

Dans laquelle, au moyen d'explications courtes et précises, on trouve tous les Homonymes et Homographes,

Par CHEMIN-DUPONTÈS,

Licencié, professeur de Belles-Lettres, et maître de Langues.

A PARIS,

Chez l'Auteur, rue Saint-Denis, N° 279, près des Bains Saint-Sauveur.

1826.

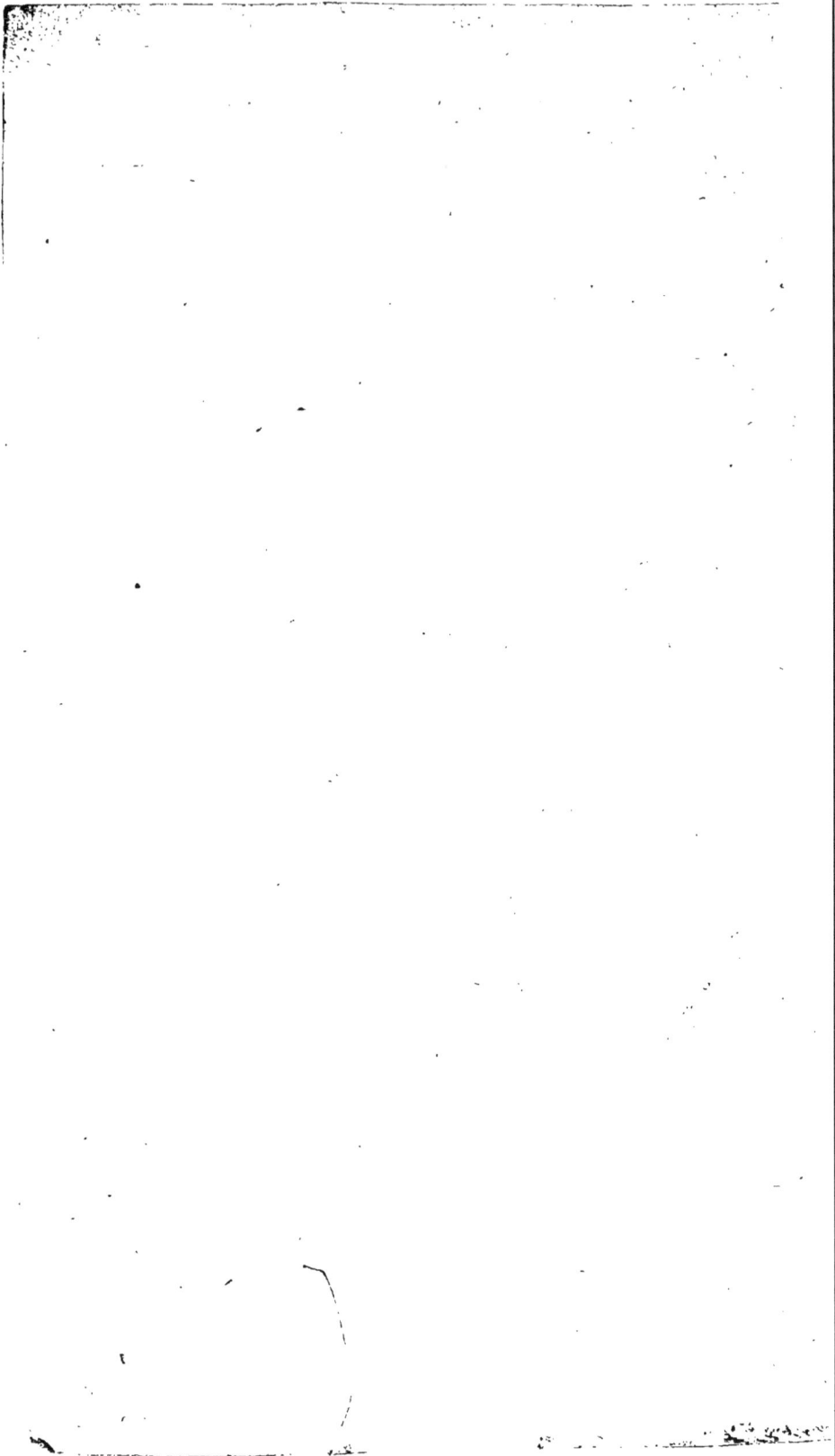

HOMONYMES.

Nota. On appelle *Homonymes*, les mots qui ayant un même son pour l'oreille, ou à peu près, diffèrent entr'eux, soit par le sens qu'ils présentent, soit par la manière dont ils s'écrivent. On doit sentir, d'après cette explication, que la connaissance des Homonymes est une des parties essentielles de la science grammaticale, et qu'il est nécessaire de les bien posséder pour ne pas se tromper sur l'orthographe d'un grand nombre de mots. Ceux de ces Homonymes qui s'écrivent absolument de même, avec un sens différent, s'appellent proprement *Homographes*.

A.

A, préposition. Ce livre est à moi.. On ne met pas d'accent grave sur cet *a*, quand il commence une phrase ou un vers, parce qu'il est écrit par une capitale **A**.

As, *a*, verbe. Tu as, il a tort.

Ah! interjection de douleur. Ah! quel coup!

Ha! interjection de surprise. Ha! vous voilà!

Abaisse, *abaisses*, *abaissent*, verbe. Dieu abaisse les orgueilleux. Tu abaisses, ils abaissent.

Abbesse, nom fém. Cette dame était abbesse de tel couvent.

Abats, *abat*, verbe. Tu abats, il abat ces noix.

A bas, préposit. et adverbe. Le miroir est à bas.

Accueil, nom masc. Il m'a fait un froid accueil.

Homon.
1

Accueille, verbe. J'accueille, tu accueilles, il accueille, ils accueillent les honnêtes gens.

———

Ache, nom fém., plante, espèce de persil. Dans certains jeux anciens, on donnait une couronne d'ache aux vainqueurs.

Hache, nom fém., instrument tranchant. (aspirez h.) Nos aïeux portaient dans les combats des haches d'armes.

Hache, verbe. Les charpentiers hachent le bois. (Dans tous les verbes qui suivent, donnez des phrases avec des personnes qui se prononcent de même, et qui s'écrivent différemment, comme aux homonymes *abaisse* et *accueille*.)

———

Acquis, participe. Il a acquis beaucoup de bien.

Acquit, nom. Mettez votre acquit au dos de ce billet.

A qui, préposition et pronom. A qui est cette maison ? Elle est à moi.

———

Acre, n. f. (l'*a* bref.) mesure de terrein d'un arpent et demi environ. J'ai acheté dix acres de terre.

Acre, adj. (*á* long) Il a sur les yeux une humeur âcre, c'est-à-dire piquante.

———

Admète, roi de Thessalie. Sa femme Alceste consentit à mourir pour lui sauver la vie.

Admette, prés. subj. du v. admettre. Supposé que j'admette vos excuses.

———

Admis, parf. déf. actif. J'admis cet homme dans ma société.

Admis, partic. passif. Il a été admis à se justifier.

A demi, locution adverbiale. Il ne faut rien faire à demi, c'est-à-dire à moitié.

(*Demi* devant un nom ne change pas : *une demi-*

heure. Après un nom féminin, il change : *une heure et demie.*)

Adresse, nom fém. sans pluriel, signifiant dextérité. Cette femme a beaucoup d'adresse.

Adresse, n. f., indication de la demeure. Donnez-moi votre adresse. J'ai perdu les adresses qu'on m'avait données.

Adresse, verbe. Je vous adresse un jeune homme dont vous serez content.

A faire. J'ai beaucoup à faire.

Affaire, n. f. J'ai beaucoup d'affaires.

Aide, n. m. Celui qui secourt.

Aide, n. f., secours. Prêtez-moi votre aide.

Aide, verbe. J'aide cet homme dans sa misère. Je lui aide à porter son fardeau.

Aigle, n. m. Oiseau. Un grand aigle.

Aigle, n. f. Enseigne. Les aigles romaines.

Aimant, n. m. L'aimant attire le fer.

Aimant, partic. prés., qui s'emploie aussi comme adj. Un cœur aimant. Une personne aimante.

Aine, haut de la cuisse, près du bas ventre. Il s'est blessé à l'aine.

Aisne, rivière de France. Laon, chef-lieu du département de l'Aisne.

Haine. (aspirez *h*.) On ne doit la haine qu'au vice ; il faut plaindre le vicieux.

Air, n. m. Le grand air. Jouer un air.

Aire, n. f. L'aire de la grange, place où l'on bat le grain.

Ère, n. f., terme de chronologie. L'ère des chrétiens commence à la naissance de Jésus-Christ.

Erre, verbe. Ils errent dans les champs.

Hère, n. m., terme de mépris. Un pauvre hère.

Haire, n. f. Chemisette de crin que l'on met par esprit de pénitence. Le cilice et la haire.

Ais, n. m. Un ais de boutique.

Haie, n. f. Le lièvre est caché dans la haie.

Es, *est*, verbe. Cet oiseau est joli. Tu es méchant.

Hait, du verbe haïr. Il hait son ennemi.

Allée, n. f. L'allée de ce jardin est bien plantée.

Allé, participe. Il est allé, elle est allée, ils sont allés, elles sont allées aux champs.

Hâlé, bruni par le soleil. Voilà une figure bien hâlée.

Amande, fruit. Cassez cette amande.

Amende, peine pécuniaire. Il a été condamné à mille francs d'amende.

Amende, verbe. Ils amendent leur champ, c'est-à-dire, ils l'améliorent par des engrais.

Ami, *amie*, n. m. et f., qui s'emploie aussi comme adj. Qu'un véritable ami est une douce chose! Perdre son ami. Une personne amie.

Amict, partie du vêtement des prêtres lorsqu'ils disent la messe.

Ammi, plante dont la semence est odorante.

Amour, n. m. au sing. Un amour sincère.

Amours, ordinairement fém. dans le sens de la passion de l'amour. De folles amours.

An, année. Le nouvel an.

En, prép. Dîner en ville.

En, pronom. Je m'en occuperai.

En, particule. Il s'en faut.

Anche, n. f., petit tuyau plat dans les instrumens à vent.

Hanche, n. f. (aspirez *h*.), partie du corps où le haut de la cuisse s'emboîte. Avoir mal à la hanche.

Ancre, n. f., pour fixer les vaisseaux ou les bateaux. Jeter l'ancre.

Encre, n. f., pour écrire. Prenez de l'encre.

Ange, n. m. L'ange gardien.

Ange, n. f., poisson de mer.

Antre, n. m. Le lion s'est retiré dans son antre.

Entre, verbe. Tu entres dans ta chambre.

Entre, préposition. Dispute entre deux amis.

Anvers, ville du roy. des Pays-Bas.

Envers, prép. Charitable envers les pauvres.

Envers, n. m. L'envers d'une étoffe.

En verre, prép. et nom. Une cage en verre.

Août. (prononcez *oût*.) Le mois d'août.

Houx, n. m. (aspirez *h*.) Les feuilles du houx sont armées de piquans.

Houe, n. f. (aspirez *h*.) On laboure la terre avec la houe.

Ou, conj. Vous ou moi.

Où, pron. conjonctif. Le lieu où nous sommes.

Appas, n. pl., charmes puissans. Les appas de la beauté. L'homme studieux trouve des appas dans la solitude.

Appât, n. m., mangeaille pour attirer les bêtes. Le salpêtre est un appât pour les pigeons.

Apprêt, n. m., préparatif. Pour qui sont ces apprêts ?

1*

Après, prép. Après dîner. Quand il est seul, il est employé comme adverbe.

Appris, *apprit*, parf. déf. Quand j'appris, quand il apprit cette nouvelle.

Appris, participe. Il a bien appris ses leçons.

À pris, *as pris*, parf. indéf. de prendre. Il a pris mon livre. Tu as pris.

À prix, préposition et nom. Mettez cette maison à prix.

———

Arra ou *arras*, nom du plus grand des perroquets.

Arras, ville du département du Pas-de-Calais.

Haras, n. m., établissement pour la propagation des chevaux. (on ne prononce pas *s*.)

———

Arranger une affaire.

Harengère (aspirez *h*.), marchande de harengs et de toutes sortes de poissons.

———

Arc (prononcez le *c*), instrument pour tirer des flèches. L'arc d'Apollon.

Arc, portion de cercle. Un arc de triomphe.

Arque, verbe peu usité. Une solive qui arque, c'est-à-dire qui se courbe en arc.

Arques, petite ville du département de la Seine-Inférieure, célèbre par la victoire de Henri IV sur le duc de Mayenne.

———

Art. La peinture est un bel art.

Arrhes, n. pl. f., argent que l'on donne pour l'assurance d'un marché.

———

Avant, préposition. Se lever avant le jour.

Avent, n. m., temps qui précède la fête de Noël.

———

Avenir, n. m. L'avenir est incertain.

A venir, , prép. et verbe. Ne comptez pas sur les années à venir.

Au pour *à le ; aux* pour *à les.* Au chat. Prendre le mors aux dents.

Aulx, pl. de *ail*, plante potagère.

Ho! interjection de surprise. Ho! c'est toi.

Oh! interjection d'affirmation ou d'admiration. Oh! que cela est beau. Oh! pour cela, oui.

ó! interjection vocative : ô mon ami!

Os. L'os de la jambe.

Haut, élevé. Le haut clocher.

Eau, de la rivière. Prendre les *eaux*.

Aude, rivière du midi de la France. Le départ. de l'Aude.

Ode, n. f. (l'*o* bref), genre de poésie. Les odes de J. B. Rousseau.

Aune, n. m. L'aune est un arbre de bois blanc.

Aune, n. f., mesure. Une aune de toile.

Auspice, présage par le vol des oiseaux. Il a commencé son règne sous de bons auspices.

Hospice, hôtellerie ou hôpital. Les hospices de Paris sont bien entretenus.

Autan, n. m., vents orageux du midi. Les autans déchaînés.

Autant, adv. Autant de modestie que de science.

Otant, partic. prés. V. ôter. Otant son chapeau.

Autel, dans les temples. Le prêtre est à l'autel.

Hôtel, où on loge. Cet homme est en hôtel garni.

Auteur, n. m., pouvant se joindre à un féminin. Un auteur. Une femme auteur.

Hauteur, n. f. (aspirez *h*.). La hauteur d'une maison.

B

Bailler, donner, dans le style familier. Vous me la baillez belle, c.-à-d. vous voulez m'en faire accroire. Il se dit aussi dans le style de pratique : Bailler à ferme, c.-à-d. donner en location.

Bâiller. Il bâille d'ennui. Au figuré, une porte bâille, c.-à-d. est entr'ouverte.

Bal, où l'on danse. Irez-vous au bal ?

Balle. Jouer à la balle.

Balle, gros paquet de marchandises. J'ai reçu une balle de livres.

Bâle, ville de Suisse.

Balai. Prenez le balai pour ces ordures.

Ballet, danse figurée, ou espèce d'opéra consistant principalement en danses. Vestris dansait bien dans ce ballet.

Banc, pour s'asseoir. Restez sur votre banc.

Ban, publication. Les bans de son mariage sont publiés.

Ban, de l'empire. Un prince mis au ban de l'empire, c.-à-d. déclaré déchu de ses dignités.

Barbe, n. f. Une longue barbe.

Barbe, n. m. d'un cheval de Barbarie.

Barbeau, poisson d'eau douce.

Barbeau, nom d'une fleur appelée aussi *bluet*, qui croît dans les blés.

Bas, n. m. Il porte des bas de soie.

Bas, adj. Un siége bas.

Bas, adverbe. Mettre bas les armes.

Bât, selle pour les bêtes de somme. L'âne porte son bât.

Bat, *bats*, verbe. Il bat son chien. Tu bats.

Bah! exclamation familière de la niaiserie ou de la bonhommie étonnée. Bah! vous voilà ici.

Basilic, plante odoriférante. Voilà un basilic qui sent bon.

Basilique, n. f., église, temple. La basilique de Notre-Dame de Paris est fort belle.

Bath (prononcez le *t*.), ville d'Angleterre.

Batte, n. f., sabre de bois flexible que porte l'arlequin.

Batte, prés. subj. de battre. (*a* bref.) Faut-il que je le batte?

Bâte, de bâter, mettre un bât. (*â* long.) Bâte ton âne.

Beau, adjectif. Ce jardin est fort beau. De beaux chevaux.

Baux, pluriel de bail. Il a passé les baux de ses maisons.

Beauté. La beauté de l'ame est au dessus de celle du corps.

Botté, bref. Un homme bien botté.

Bête. Faire la bête.

Bette, plante potagère. Manger des bettes (bref).

Bière. Boire de la bière.

Bière. Le mort est porté dans la bière.

Bise, vent froid du nord. Il souffle une bise glaciale.

Bise, fém. de l'adj. *bis*. Du pain bis. Une pâte bise.
Bis, adverbe latin. Les spectateurs ont crié *bis*.

Bois. Brûler du bois.
Bois, verbe. Bois de l'eau avec ton vin.

Boîte, verbe. Il boîte du pied droit.
Boîte. La boîte de Pandore.

Bon, adjectif. C'est un bon homme.
Bond, n. m. Prendre la balle au bond.

Bonace, n. f., calme sur mer. Le vaisseau s'est trouvé dans une longue bonace.
Bonasse, adj. Cet enfant est bonasse, c.-à-d. simple.

Boue, n. f. Il y a beaucoup de boue dans les rues.
Bout, n. m. Le bout d'un bâton.
Bout, du verbe bouillir. Le pot bout. A l'impératif, *bous*.
Boute-feu, incendiaire. Cet homme est un boute-feu.

Bouilli, n. m. Ce bouilli est bon.
Bouillie, n. f. L'enfant mange la bouillie.

Brigand, voleur. La gendarmerie poursuit les brigands.
Briguant, part. prés. de *briguer*. J'ai vu cet homme briguant les emplois.

Brocard, raillerie piquante. C'est un malin qui aime à lancer des brocards.
Brocart, étoffe brochée de soie, d'or ou d'argent.

Brut, *brute*, adj. Du marbre brut. Un génie brute. (De bons auteurs ajoutent *e*, même au masculin, surtout dans le sens figuré.)

Brute, n. f., animal. Au figuré, homme sans esprit et sans raison. C'est une brute.

But, n. m. Votre but en étudiant, est de vous instruire.

Bu, de boire. Cet homme a trop bu.

Butte, n. f., élévation de terre. La butte St-Roch.

Bute, verbe venant de *but*. Un homme bute à une place, c.-à-d. a pour but de l'avoir.

Butte, verbe venant du nom *butte*. Le jardinier *butte* une plante, c.-à-d. élève de la terre autour pour la soutenir.

C

Ça, pronom, pour *cela*, n'est pas français, quoiqu'on dise dans le style familier: ça ne se peut pas.

Çà, interjection du style familier. Çà, finissons.

Ç'a pour *ce a*. Ç'a été un grand malheur pour moi. (dur.)

Çà, adverbe. Il court çà et là comme un fou.

Sa, adj. possessif. Il taille sa plume.

Sas, tamis. (long, sans prononcer *s*.) Passer au gros sas.

Sas, passage d'une écluse. La ville de Sas de Gand. (on prononce *s*.)

Cachet, nom masc. Il porte un cachet d'or.

Cachait, verbe. Il cachait bien son jeu,

Cadi, juge chez les Turcs.

Cadis, n. m., étoffe de laine (on ne pron. pas *s*.)

Cadix, ville d'Espagne. (on pron. *x* comme *s*.)

Cadre. Le cadre d'un tableau.

Quadre, verbe. Ses discours quadrent mal avec ses actions.

Cahot, saut d'une voiture. Le carrosse a fait un terrible cahot.

Chaos, confusion. Le monde était dans le chaos.

Cal, n. m. Durillon qui vient aux pieds, aux mains, aux genoux.

Cale, n. f. Mettez une cale sous le pied de cette table. Fond de cale, le lieu le plus bas d'un vaisseau.

Camp, enceinte pour retirer l'armée. Le camp a été attaqué.

Caen, chef-lieu du dép. du Calvados.

Kan, prince Tartare.

Khan, nom donné aux grandes hôtelleries d'Orient, appelées aussi *Caravansérails*.

Quand, signifiant *lorsque*. Vous apprendrez quand vous voudrez.

Quant, signifiant *par rapport*. Quant à moi, j'y consens.

Qu'en pour *que en*. Qu'en pensez-vous.

Canot, tronc d'arbre creusé. Les Sauvages vont sur mer avec des canots.

Canaux, pluriel de *canal*. La Hollande est coupée de canaux.

Cap, terme de géographie. Le cap de Bonne-Espérance.

Cape, manteau à capuchon. Rire sous cape.

Capre, nom masc. Sorte de vaisseau croiseur.

Câpre, nom fém. Fruit vert, que l'on confit ordinairement dans le vinaigre. On n'emploie guère ce mot qu'au pluriel. Une salade de câpres.

Car, conjonction. Il mérite d'être puni, car il est méchant.

Carre, n. f. La carre d'un chapeau (le haut); d'un habit (le haut de la taille); d'un soulier (le bout).

Carre, verbe. Il se carre d'importance.

Quart, quatrième partie. Il sait le quart de sa leçon.

———

Caracol, n. m. Terme d'architecture. Escalier en caracol, c'est-à-dire en limaçon.

Caracole, n. f. Mouvement du cheval en rond ou demi-rond.

Caracole, *caracolent*, verbe. Ce cheval caracole, ces chevaux caracolent.

———

Carte. Des cartes à jouer; une carte de géographie. Perdre la carte, c'est ne plus reconnaître son chemin. Il s'emploie aussi au figuré.

Quarte, n. fém. venant de *quart*. Il est usité en musique, dans l'escrime, et comme nom de mesure.

Quarte, adj. fém. de *quart*. Une fièvre quarte, c'est-à-dire qui revient le quatrième jour, en comptant celui du dernier accès.

———

Cartier, le fabricant ou le marchand de cartes à jouer.

Quartier. Un quartier de rocher. Un quartier de pension. Servir par quartier, c'est-à-dire trois mois dans l'année. Demander quartier, c'est-à-dire grâce.

———

Castor, animal intéressant par son industrie, et dont le poil sert à faire le chapeau qui a pris son nom.

Castor, frère de Pollux, héros de la mythologie. Ce sont aussi les gémeaux du zodiaque.

Homon.   2

Ce, adj. démonstratif devant un nom ; pronom devant *qui* ou *que*. Ce livre vous plaît-il ? Faites ce que je vous dis.

Se, pronom personnel. Il est toujours devant un verbe, et remplace *soi*. Veut-il se promener.

Céans, adverbe. Vous êtes le maître de céans (d'ici).

Séant, convenable. Ce que vous faites n'est pas séant. De là on a fait *bienséant*, *bienséance*.

Séant, position d'un homme assis dans son lit. Mettez-vous sur votre séant.

Ceint, participe de *ceindre*. Il a le front ceint d'une couronne.

Cinq, adj. numéral invariable. Cette maison vaut cinq mille francs.

Sain, qui se porte bien. Votre œil est bien sain.

Saint, c'est un saint homme.

Sein de la mère, elle portait son enfant sur son sein. Le sein de la terre.

Seing, signature. Est-ce là votre seing ? Un écrit sous seing privé.

Celle, pronom démonstratif. Vous verrez celle que je préfère.

Cèle, de celer. Il cèle son secret.

Scelle, de sceller. Le Chancelier scelle les ordonnances.

Selle, de seller. Il selle son cheval.

Scel, terme de chancellerie. Le sceau de l'état.

Sel, il y a trop de sel dans la soupe. Une plaisanterie qui a du sel.

Selle, de cheval. Être bien en selle, être bien à cheval.

Selle, *Selles*, *Celle* et *Celles*, noms de plusieurs petites villes et villages de France.

Céleri, n. m., plante potagère. Le céleri est échauffant.

Sellerie, n. f., dépôt des selles et des harnois.

Cellier, lieu où l'on serre les vins et autres provisions.

Sellier, ouvrier en selles, en harnois, etc.

Cène, le dernier souper de Jésus avec ses Apôtres. Sorte de communion des Protestans.

Saine, féminin de l'adjectif *sain*. Cette habitation est saine.

Scène, partie du théâtre. Cet acteur est bien en scène.

Seine, fleuve. La Seine passe à Paris et à Rouen.

Censé, estimé, réputé. Une loi est censée abolie par le non-usage.

Sensé, qui a du bon sens. Voilà un homme sensé.

Cent, adj. numéral, invar. quand il est seul, ou suivi d'un autre nombre; variable quand il y a plusieurs centaines, sans autre nombre après. Il a reçu cent francs. Vous donnerez trois cents fr. Je ferai deux cent cinquante lieues. Même règle pour *vingt*.

Ç'en, pour *ce en*. Ç'en est fait de vous.

Sang, qui coule dans les veines.

Sans, préposition. Partirez-vous sans moi ?

Sens, le sens de la vue, de l'ouïe. Le sens commun.

S'en, se en. S'en ira-t-il ?

Cens, état des fortunes. Les censeurs chez les Romains présidaient au cens.

Sens, ville du département de l'Yonne.

Cerf, animal. Chasser le cerf. (Ne prononcez pas *f*.)

Serf, esclave. Il y avait autrefois beaucoup de serfs en Europe. (Faites sonner *f*.)

Sers, *sert*, de servir. Sers ta patrie et tes amis.

Serre, de serrer. Je serre mon ami dans mes bras.

Serre, n. f. Mettre les oranges dans la serre.

Serre, n. f., pied de l'oiseau de proie. L'aigle et le vautour enlèvent leur proie avec leurs serres.

Cep, pied de vigne. Les ceps de cette vigne sont très hauts.

Sept, adject. numéral invar. Les sept frères Machabées (*p* ne sonne pas dans *cep* et dans *sept*.)

Ses, adject. possessif. Il a mal fait ses affaires.

Ces, adjectif démonstratif. Pour qui sont ces serpens ?

C'est, ce est. C'est cela.

S'est, se est. Il s'est cassé une jambe.

Sait, du verbe savoir. Il sait bien sa leçon.

Chaîne, n. f. Une chaîne d'or.

Chêne, n. m. Saint-Louis rendait la justice à l'ombre d'un chêne.

Chair. La chair du bœuf est nourrissante.

Chaire, siége d'un prédicateur ou d'un professeur.

Chère, régal. Faire bonne chère.

Cher, adverbe. Ce marchand vend cher.

Cher, *chère*, adjectif. Chéri. Qui coûte beaucoup. Mon cher ami, ma chère maman. Ce livre n'est pas cher.

Cher, nom d'une rivière et d'un département de la France.

Champ, voilà un beau champ de blé.
Chant, le chant de l'Eglise.

Charme, n. m. d'un arbre, dont on fait les allées alignées, appelées *charmilles*.

Charme, nom qui exprime les prétendus effets de la magie : le charme opère ; et les effets plus réels de tout ce qui nous enchante : les charmes de l'étude, de la conversation, etc.

Charme, verbe. Cette personne me charme par son amabilité.

Chas, trou d'une aiguille.

Chat, *chats*, le chat miaule, les chats égratignent.

Châsse, n. f. , coffre qui renferme le corps ou des parties du corps d'un saint. La châsse de Ste.-Geneviève.

Chasse (bref). Aller à la chasse.

Chasse, verbe. Je chasse le cerf ; ou chasse l'ennui par l'étude.

Châssis, n. m. Le châssis de la fenêtre.

Chassie, n. f. Humeur des yeux.

Chaud, adj. Un bain chaud.

Chaud, pris comme nom. Souffler le chaud et le froid.

Chaux, on fait du ciment avec du sable et de la chaux.

Chaussée, levée de terre. Cette chaussée est large.

Chaussé, participe de chausser. Cet homme est mal chaussé. Cette dame est bien chaussée.

2*

Cheminée, la cheminée fume.

Cheminé, participe. Avez-vous assez cheminé (marché)?

Choc, nom. Il a reçu un choc violent.

Choque, verbe. Cette figure-là me choque.

Chœur, partie de l'église. Le chœur de la cathédrale de Beauvais est très beau.

Cœur, avoir mal au cœur.

Chut ! interjection pour imposer silence.

Chûte, n. f. Faire une chûte dangereuse.

Ci, particule démonstrative. Celui-ci. Ci-gît Corneille. Ci-après. Ci-dessus.

Si, conjonction. Si vous voulez.

Si, adv. devant un adj. ou un adv. Il signifie *tellement*. Il est si généreux qu'il donne tout son bien.

Six, adj. num. invar. (x ne sonne pas devant une consonne). Six francs.

S'y, pour *se y*. Il s'y prend mal.

Scie, n. f. Prêtez-moi la scie.

Cire, à cacheter.

Sire, anciennement *seigneur*, actuellement nom que l'on donne aux rois.

Cigne, ou *cygne*. Les cygnes font l'ornement des pièces d'eau.

Signe, indice, marque. Et ne devrait-on pas, à des signes certains, reconnaître le cœur des perfides humains? Les signes du Zodiaque.

Cycle, révolution après laquelle un astre revient aux mêmes points du ciel. Le cycle solaire est de 28 ans. Le cycle lunaire est de 19 années.

Sicle. Nous appelons ainsi une monnaie et une mesure en usage chez les Hébreux.

Clair. clarté. Il fait un beau clair de lune.

Clairs, en peinture, parties éclairées. Les clairs sont bien entendus dans ce tableau.

Clair, adverbe. Voir clair.

Claire, adjectif. Cette chambre n'est pas *claire*.

Clerc. Un clerc d'église, un clerc de notaire, d'avoué (c ne sonne pas).

Clause, disposition d'un traité. Il y a dans le contrat une clause avantageuse pour moi.

Close, fém. de *clos*, participe de *clorre*. Cette chambre est bien close.

Coi, *coie* et *coite*, adjectif. Se tenir coi, demeurer coi (tranquille). Il est du style naïf et familier.

Quoi, pronom. A quoi pensez-vous?

Quoi! sorte d'interjection de surprise. Quoi! vous avez fait cela !

Coin. Se tenir dans un coin. Le jeu des quatre coins. Un coin pour fendre le bois. Une pièce de monnaie marquée au coin du Roi. De la vaisselle marquée au coin de Paris. Des vers frappés au bon coin.

Coin, autrefois *coing*, espèce de grosse poire. Du ratafia de coins.

Col, n. m., partie d'habillement pour envelopper le cou. Votre col vous serre trop. Employé aussi pour le *cou* (v. ce mot). Il désigne encore un passage étroit entre deux montagnes.

Colle, n. f., matière gluante et tenace. De la colle-forte.

Comptant. Me donnerez-vous de l'argent comptant. Voilà tout mon comptant.

Comptant, participe de *compter*. Je l'ai trouvé comptant ses écus.

Contant, participe de *conter*. Je l'ai vu contant des histoires.

Content, adjectif. Etes-vous content de votre sort ?

Compte, calcul. J'ai rendu mes comptes.

Compte, verbe. Il compte son argent.

Conte, récit fabuleux ou plaisant. C'est un conte que vous nous faites.

Conte, verbe. Il conte de jolies historiettes.

Comte, nom de ceux qui accompagnaient les Empereurs, aujourd'hui titre de noblesse. Le comte d'Artois, aujourd'hui Charles X.

Coq, oiseau. Le coq est un animal courageux.

Coque, enveloppe. Le ver à soie fait sa coque.

Corps, il a le corps fluet. Corps de troupes.

Cor, durillon aux pieds.

Cor, trompe de chasse. Donner du cor.

Cors, n. pl. m. Cornes qui sortent des perches du cerf. Un cerf de dix cors (de moyen âge).

Cote, l'o bref, marque numéral d'un registre.

Côte, ó long. J'ai mal aux côtes. Les côtes d'un vaisseau.

Cotte, jupe à l'usage des femmes.

Cotte-d'armes, casaque que portaient autrefois les hommes d'armes.

Quote-part, part de chacun. Vous devez dix écus pour votre quote-part.

Cou, quelquefois *col*. Avoir le col court. Se jeter au cou de quelqu'un. Le cou d'une bouteille.

Coud et *couds*, verbe. Couds cette toile. Il coud.

Coup. Un coup de poing, d'épée, de tonnerre, de fortune, de hasard, d'essai, de sang, de soleil, de théâtre, de plume.

Coût, terme de procédure, ce qu'une chose coûte. Vous paierez le coût de cet acte.

Couple, n. m. Union de deux personnes. Ces époux forment un heureux couple.

Couple, n. f. Deux choses de même espèce. Une couple d'œufs.

Cour, espace enclos et découvert. La cour de la maison. Lieu où est un Souverain avec sa suite, ou le Souverain même et son Conseil. La flatterie règne dans les cours. La cour d'Autriche.

Court, adjectif. Un bâton court.

Cours, *court*, *courent*, indicatif. Il court fort vîte. Tu cours. Ils courent.

Coure, subjonctif. Qu'il *coure* tant qu'il voudra.

Cours, n. m. Le cours de la lune. Le cours de la vie. Un cours d'études. Le cours du marché. Le cours de la bourse. Cours de ventre.

Cravate, n. m. Cheval de Croatie.

Cravate, n. f. Enveloppe du cou, qui a remplacé le col. Il ne faut pas serrer sa cravate, pour ne pas gêner la circulation du sang.

Crépe, n. m. Sorte d'étoffe claire. Un crêpe de soie.

Crépe, n. f. Pâte fort mince. Une crêpe frite.

Crête, excroissance de chair rougeâtre sur la tête des coqs et des dindons. Lever la crête, c'est montrer de l'orgueil.

Crête, l'île de Crête, dans la Méditerranée, appelée aujourd'hui *Candie*.

Cri. Elle pousse un cri aigu.

Cric, instrument pour lever de terre des fardeaux.

Crie, verbe. Tu cries, il crie, ils crient bien fort.

Crin, n. m. Les crins du cheval.

Craint, participe de *craindre*. Voulez-vous être craint ?

Crois, verbe. Crois-tu ce que tu dis? il croit, ils croient.

Croix, n. f. Être attaché à une croix. Avoir des croix, c'est-à-dire des peines.

Cru, crue, qui n'est pas cuit. Un fruit cru, de la viande crue. Soie crue, ou écrue, qui n'est ni teinte ni lavée. Monter un cheval à cru, c'est-à-dire sans selle.

Cru, n. m. Terroir qui donne quelque production. Ce vin est de mon cru.

Crue, n. f. Il y a une forte crue d'eau.

Cru, crue, participe de croire. J'ai cru ce que vous m'avez dit. Cette nouvelle ne sera pas crue.

Cru, crue, participe de *croître*. La rivière a cru. Sa famille a cru, ou est crue de deux enfans.

Cuire, verbe. Faire cuire la viande.

Cuir, nom. Le cuir de l'Eléphant est épais.

Curé, prêtre chargé de la conduite d'une paroisse.

Curée, n. f. Ce que l'on donne de la bête tuée aux chiens qui ont chassé.

Curer, verbe. Nettoyer. Faire curer le puits. Se curer les dents.

D

Dais, n. s. m. On porte le Saint-Sacrement sous un dais.

Des, pour *de les*. La fraîcheur des nuits.

Des, article indéfini, plur. de *un*, *une*. Je connais des hommes savans.

Dès, préposition. Il sort dès le matin.

Dans, préposition. Il est dans la classe.

Dam, n. m. A votre dam, c'est-à-dire à votre dommage.

Dent, n. f. Avoir mal aux dents.

D'en, pour de en. Je vous ordonne d'en sortir.

Danse, n. f. Aimez-vous la danse?

Danse, verbe. Ils dansent fort bien.

Dense, adj. L'air est dense, c'est-à-dire épais.

Date, indication du temps. Vous avez oublié de mettre la date à votre lettre.

Date, verbe, de dater, mettre la date. Cet homme date de loin, c.-à-d. est assez vieux pour se souvenir de choses passées depuis longtemps.

Datte, n. f. Fruit du palmier.

Dé à coudre ou à jouer. Un *dé*, en langage d'architecture, est un cube, ou bloc carré.

Dey, le chef des gouvernemens d'Alger, de Tunis, etc.

Décent, adj. Cet habillement n'est pas décent.

Descends, verbe. Descends bien vite.

De sens, c'est un homme de sens, c.-à-d. sensé.

De Sens, il vient de la ville de Sens.

Déceler, découvrir une chose cachée.

Desceller, détacher ce qui est scellé en plâtre, ou ôter le sceau d'un acte.

Desseller un cheval, lui ôter sa selle.

Décrie, de *décrier*. L'envieux décrie le mérite.

Décrit, de *décrire*. Le poëte décrit les grands effets de la nature.

Déçu, *déçue*, participe de décevoir. Des espérances déçues, c.-à-d. trompées.

Dessus, adv., après lequel, par conséquent, il ne faut pas mettre de régime, comme on en met après *sur*. Placez ce vase là-dessus. Précédé de *au*, et suivi de la prép. *de*, il devient préposition : respectez ceux qui sont au-dessus de vous. Il s'emploie aussi comme nom avec l'article : le dessus d'un meuble, d'un habit; prendre le dessus; en langage musical, jouer le dessus.

Défait, de *défaire*. Le marché est défait. Visage défait, abattu.

D'effets, de *effets*. Il donne plus de paroles que d'effets.

Délacer, ôter son lacet. Délacez votre corset, qui est trop serré.

Délasser, faire passer la fatigue. On se délasse du travail de l'esprit par le travail du corps.

Derrière, prép. avec un régime, adv. sans régime. Regarder derrière soi. La poche de derrière.

Derrière, nom. Le derrière d'une maison.

Dessein, projet. Quel est votre dessein ?

Dessin, figure dessinée. Un charmant dessin.

Devant, partic. de devoir. Devant aller à la campagne.

Devant, prép. et adv. Marcher devant quelqu'un ; aller devant.

Devant, nom. Prendre les devants ; le devant d'une maison.

Devin, n. m. Il ne faut pas consulter les devins.

Devins, *devint*, parfait de *devenir*. Que devint cette affaire ? tu devins pâle.

Dis, *dit*, de dire. Dis-moi. Il dit.

Dit, nom. Les dits et gestes, c'est-à-dire les paroles et les actions.

Dix, adj. num. (*x* ne sonne pas devant une consonne.) Dix soldats.

Doigt, n. m. Les doigts de la main.

Doit, verbe. Il me doit mille écus.

Dol, n. m. Agir par dol, c.-à-d. par ruse et fourberie.

Dol, ville du départ. d'Ille-et-Vilaine.

Dôle, ville du départ. du Jura.

Don, titre d'honneur en Espagne. Don Fernand. On écrit *dom* devant les noms portugais : dom Pèdre ; et devant les noms de religieux : dom Calmet, auteur d'un Commentaire sur la Bible.

Donc, conjonction. Je pense, donc j'existe.

Don, présent. Il lui a fait un don précieux.

Dont, pronom conjonctif. Le mal dont vous vous plaignez

D'or, de or. Une pièce d'or.

Dors, *dort*, de *dormir*. Il dort d'un bon somme. Tu dors.

Homon. 3

Dore, de *dorer*. Il dore le dos de mon livre.

D'où, prép. et adv. D'où venez-vous.

Doux, adj. Le sucre est doux; un son doux; un jour doux; un doux parfum. Il s'emploie comme adverbe : filer doux; aller tout doux.

Doubs, nom d'une rivière et d'un départ. de la France.

Du pour *de le*. La lumière du soleil.

Dû, partic. de *devoir*, avec un accent circonflexe au sing. masc. seulement. Cet honneur vous est bien dû. Il s'emploie comme nom : je demande mon dû.

Dur, adjectif. Il est dur comme un roc.

Dure, verbe. Cela dure depuis longtemps.

Dure, n. f. Coucher sur la dure.

E

Écho, n. m. Répétition du son. Les échos répondent à sa voix.

Écho, n. f. Nymphe de la Fable.

Écot, ce que chacun paye dans un repas.

Éclaire, verbe. La lumière du soleil nous éclaire.

Éclair, n. m. Il a fait un éclair éblouissant.

Éclaire, n. f. Nom d'une plante qu'on appelle aussi *chélidoine*.

Économie, nom d'une vertu, sans plur. L'économie conduit à l'aisance.

Économies, pl., épargnes. Faire des économies.

Effort. Faire des efforts. Se dit au physique et au moral.

Éphore, magistrat de Sparte, qui était le surveillant et le censeur des rois.

Égard, déférence. On doit des égards à la vieillesse.
Égare, verbe. Il s'égare dans son chemin.

Eh, interjection sérieuse. Eh! que de repentirs suivent les imprudences!
Hé, interjection ironique, du style familier. Hé! mon ami, tire-moi du danger.

Élan, espèce de cerf des pays septentrionaux.
Élan, mouvement subit du corps. Prendre son élan.

Elle, pronom personnel. C'est elle qui a dit cela.
Aile, n. f. Voulez-vous une aile de poulet?

Enfant, petit garçon, masc. Un bel enfant.
Enfant, petite fille, fém. Une jolie enfant.

Enté, greffé. Une branche d'abricotier entée sur un prunier sauvage.
Hanté, fréquenté. Vous avez hanté de mauvais sujets (aspirez *h*).

Envie, verbe. J'envie votre bonheur.
Envie, n. f. L'envie est une triste passion.
Envi, à l'envi, avec émulation. Ils travaillent à l'envi l'un de l'autre.
En vie, vivant. Cet homme n'est plus en vie.

Étang, n. m. Cet étang est poissonneux.
Étant, partic. du verbe être. Cela étant ainsi.

Étend, de *étendre*. Il étend le linge.

Et tant, deux mots. Et tant s'en faut.

Étain, métal. Un pot d'étain.

Éteint, verbe. Il éteint sa lumière. —Éteins le feu.

Été, saison. L'été, chargé de blonds épis.

Été, partic. du verbe être, invar. Europe a été enlevée par Jupiter.

Être, infinitif. Où peut-on être mieux qu'au sein de sa famille.

Être, n. m. Le grand Être, c.-à-d. Dieu, qui a créé tous les êtres. Les êtres d'une maison, c'est-à-dire ses distributions intérieures.

Hêtre, arbre. (aspirez *h*.) Le hêtre donne la faîne, dont on tire de l'huile.

Eurent, parfait déf. d'avoir. Qu'eurent-ils pour leur part ?

Hure, n. f. (aspirez *h*.) Tête du sanglier. On dit aussi hure du saumon, du brochet.

Eure, petite rivière qui se jette dans la Seine, près de Rouen. Voltaire fait rimer ce mot avec *nature*.

Ur, ancienne ville de la Chaldée.

Évent, n. m., espèce de corruption. Du lard qui sent l'évent.

Évent, air agité. Mettre à l'évent, c.-à-d. à l'air. Tête à l'évent, c.-à-d. un étourdi. Ce terme s'emploie encore dans différens arts.

Eux, pronom personnel. Ce sont eux qui ont cueilli les poires.

OEufs, plur. de *œuf*. Voilà des œufs frais.

Exemple, n. m. Nos guerriers ont donné de grands exemples.

Exemple d'écriture, nom fém. par abus. Cette exemple est mal écrite.

F

Face, n. f. Quelle grosse face ! Les affaires ont changé de face. Faire volte-face. Face à face.

Fasse, subjonctif de faire. Que chacun fasse son devoir.

Faim, nom fém. La faim regarde à la porte de l'homme laborieux ; mais elle n'ose pas y entrer.

Feint, participe de *feindre*. Il montre un zèle feint et affecté.

Fin, adjectif. Il veut faire le fin.

Fin, n. f. La fin de l'année.

Faire, verbe. Que voulez-vous faire ?

Fer, n. m. Une barre de fer.

Ferre, de *ferrer*, garçon, ferre le cheval.

Fère (*la*), ville de Picardie, dép. de l'Aisne.

Fais, *fait*, de *faire*. Fais ton devoir. Il fait le raisonneur.

Fait, n. m. Le fait est certain.

Faix, vieux mot, fardeau. Un porte-faix.

Faîte, n. m. Le faîte d'un temple. Le faîte des honneurs.

Faite, *faites*. La faute est faite. Que faites-vous ?

Féte, n. f. C'est la fête du village.

Faon (prononcez *fan*), petit du cerf, du chevreuil et du daim.

Fend, de *fendre*. Le vaisseau fend les flots.

3*

Fard, n. m. Cette femme met du fard.

Phare, fanal placé sur une tour, ou la tour même sur laquelle est le fanal. Le phare de Messine.

Faux, n. f. On abat les seigles avec une faux.

Faux, adj. C'est un homme faux.

Faux, n. m. Fausse signature. Il a commis un faux.

Faut, de *falloir*. Il faut que cela soit.

Feu. Le feu du ciel; le feu des passions.

Feu, décédé, adj. invar. avant l'article, variable après, et toujours invar. au pluriel. Feu la Reine; la feue Reine; feu mes père et mère.

Fi, interj. de mépris, du style familier. Fi de la paresse !

Fils. Un bon fils.

Fis, *fit*, parf. déf. — Fît, imp. subj. de faire. Je fis mon devoir. Que vouliez-vous qu'il fît contre trois?

Fier, adj., monosyllabe. Un homme fier.

Fier, verbe, deux syllabes. Se fier à quelqu'un.

Fil, n. m. Cela est cousu avec du gros fil.

File, n. f. Longue file de soldats. Aller à la file.

File, verbe. Ces femmes filent.

Flanc, côté. Par le flanc droit. Le flanc d'un vaisseau. Se battre les flancs.

Flan, sorte de pâtisserie. Les Picards aiment le flan.

Fléau, deux syllabes. On bat le blé avec le fléau. Le fléau d'une balance, auquel sont attachés les cordons qui en soutiennent les bassins.

Flot, monosyllabe, n'est homonyme de *fléau* que si l'on prononce mal ce dernier nom. Le flot qui l'apporta, recule épouvanté.

Foi, n. f. Je vous en donne ma foi.
Foie, n. m. Un foie de veau.
Fois, n. f. Une fois, deux fois.
Fouet, n. m. Un fouet de cocher.
Foix (ville et comté de).

Fond, l'endroit le plus profond. Le fond d'un puits. Le fond d'une province. Le fond des cœurs. Le fond d'une affaire. A fond. La forme et le fond. Le fond d'un tableau. Faire fond sur quelqu'un, c.-à-d. compter sur lui.

Fonds, tout ce qui donne un produit. Un fonds de terre. Manquer de fonds (d'argent). Fonds de savoir, de probité, de malice. Fonds de commerce.

Fonds, *fond*, de fondre. La neige fond au soleil. L'ouvrier fond une cloche. Tu fonds en larmes.

Font, verbe. Ils font bien.

Fonts de baptême.

For, intérieur, c.-à-d. la conscience.

Fors, vieille prép. dans le sens d'*excepté*. Tout est perdu fors l'honneur.

Fort, nom. Prendre un fort. Le fort et le faible.

Fort, adj. Le juste est fort de son innocence.

Fort, adv. Frapper fort. Il forme un superlatif avec un adj. ou un adv. Fort bien. Ce sont des hommes fort instruits.

Forçat, n. m., galérien. Travailler comme un forçat.

Força, verbe. Il le força de marcher.—*Forçât*, imparf. subj. Il faudrait qu'on le forçât.

Forét, n. m. Instrument pour percer.

Forét, n. f. Grande étendue de bois. Traverser une forêt.

Foudre, n. m. Un foudre de guerre, c.-à-d. un grand capitaine. Un foudre d'éloquence, c.-à-d. un orateur véhément.

Foudre, n. f. La foudre éclate dans les nues.

Fournit, verbe. Il lui fournit, il lui a fourni de l'argent.

Fournil, n. m. Lieu où est le four.

Frai des poissons., le temps de leur multiplication.

Frais, adject. Du beurre frais.

Frais, adv. Il est frais (nouvellement) arrivé. Boire frais.

Frais, n. m. Prendre le frais.

Frais, n. pl. m. Dépense. La vertu se contente et vit à peu de frais. Les frais d'un procès.

Fraye, verbe. Il se fraye un chemin sur la neige.

Fret, n. m. Louage d'un vaisseau pour aller sur mer.

Franc, nom des peuples Germains qui envahirent la Gaule. Du mot *franc* sont venus les noms de *France* et de *Français*.

Franc, nom de la monnaie qui vaut vingt sous. Deux cents francs.

Franc, adj. Il faut être franc sans impolitesse. Il s'emploie aussi comme augmentatif : c'est un franc menteur. Il entre dans des noms composés : le franc-moineau, un franc-maçon.

Franc, pour franchement, adv. Je vous le dis tout franc.

François, nom propre. Saint François.

Français, citoyen de France. Ces deux mots s'écrivaient autrefois et se prononçaient de même. La prononciation, qui a entièrement changé pour le second, ne permet plus de l'écrire comme le premier, qui a conservé le son *oi*.

Fume, verbe. La cheminée fume.

Fûmes, parfait déf. du verbe être. Nous fûmes assaillis par la tempête.

Fumée, partic. de fumer. Une terre fumée, c.-à-d. où l'on a répandu du fumier. Une viande fumée, c.-à-d. exposée à la fumée.

Fumée, n. f. Point de fumée sans feu. Les fumées du vin. Tout est fumée, c.-à-d. vanité.

G

Gai, adj. N'est pas gai qui veut. Une personne gaie.

Gai, interj. de joie. Allons, gai!

Gué, endroit d'une rivière où l'on peut passer à pied ou à cheval sans nager.

Guet, n. m. (son ouvert.) Faire le guet, épier.

Gand, ville des Pays-Bas.

Gant, pour couvrir la main. Une paire de gants. Jeter le gant, c'est donner un défi; relever le gant, c'est l'accepter. Charles-Quint, faisant un jeu de mots aux dépens de l'orthographe, disait que Paris tiendrait dans son gant, c.-à-d. dans la ville de Gand, qui est fort grande.

Garde, n. m. Celui qui garde. Un garde-national. Entrant dans la composition d'un nom, il est verbe, et ne change pas. Un garde-chasse, un garde-malade, des garde-chasse.

Garde, n. f. La garde. Monter la garde.
Garde, verbe. Il garde les moutons.

Gens, n. pl. m. quand l'adjectif le suit. Voilà
des gens bien sots. Fém. quand l'adjectif le précède. Voilà de sottes gens. On dit cependant, *tous
les honnêtes gens*, puis, *toutes les bonnes gens.*
Les vieilles gens sont soupçonneux.

Gent, n. s. f. Nation, espèce. La gent volatile.

Jean, nom propre. Jean s'en alla comme il
était venu.

J'en, je en. J'en suis fâché.

Glace, eau glacée. On a construit à Pétersbourg
un palais de glace.

Glace, miroir. Se regarder dans la glace.

Glace, verbe. Tu me glaces de frayeur.

Goutte, n. f. Une goutte d'eau.

Goutte, adv. Il n'y voit goutte.

Goutte, n. f., maladie des jointures. J'ai la
goutte aux pieds.

Goûte, verbe. Je goûte un grand plaisir à vous
entendre.

Grâce, faveur. Accordez-moi cette grâce. —
Pardon : demander grâce. — Agrément : danser
avec grâce. — Dans le même sens au pluriel : les
grâces de la figure.—Remercîment : je vous rends
grâces. — Dans le même sens, prière à la fin du
repas : dire ses grâces. — Les trois Grâces de la
mythologie.

Grasse, fém. de *gras*. Une personne grasse.

Grasse, jolie ville du départ. du Var. Autre
petite ville du même nom dans le dép. de l'Aude.

Graisse, embonpoint. La graisse incommode.

Grèce, pays de l'Europe. Que de grands hommes a produits l'ancienne Grèce !

Grammaire. Des fautes contre la grammaire indiquent le peu d'éducation qu'on a reçu.

Grand'mère. (On doit éviter de faire sonner ces deux mots de même.) Une grand'mère aime ordinairement beaucoup ses petits-enfans.

Gray, petite ville du dép. de la Haute-Saône.

Grais, et mieux *grès*, pierre dure. On pave les rues avec du grès.

Gré, sans pl. Je vous sais gré de votre bonne volonté. Bon gré, malgré. Il est parti contre mon gré.

Greffe, n. m. Dépôt des actes de justice. La sentence est au greffe.

Greffe, n. f. Terme de jardinier. La greffe a bien pris.

Gril. (*s* ne sonne pas.) Saint Laurent fut mis sur un gril.

Gris, adj. Du drap gris. Un homme gris, c.-à-d. pris de vin.

Gris, employé comme nom. Un beau gris.

Guère et *guères*, adv. Je ne les crains guère.

Guerre, n. f. Sœur de la mort, impitoyable guerre.

Guide, n. m. Celui qui accompagne pour montrer le chemin.

Guide, n. f. Longe attachée à la bride du cheval.

H

Hâle, température chaude et sèche. Il fait du hâle; le hâle gâte la fraîcheur du teint.

Hâle, verbe (1). Le soleil hâle les voyageurs. Les dames se hâlent au grand air.

Halle, marché. (aspirez *h* dans ces trois mots.) La halle aux blés; langage des halles.

Haleine. Être hors d'haleine.

Aléne, les cordonniers percent le cuir avec une alêne.

Haleter, être hors d'haleine. (aspirez *h*.) Le chien ne fait que haleter.

Allaiter, nourrir de son lait. Romulus et Rémus furent, dit-on, allaités par une louve.

Happe, verbe qui signifie saisir avec avidité. Le chien happe la viande.

Happe, n. f. Fer de l'essieu.

Hâté, partic. de hâter. (*h* asp. dans ces trois mots.) Hâtez-vous lentement.

Athée (*a* bref), celui qui a le malheur de ne pas voir un machiniste suprême dans le beau mécanisme de l'univers.

---

(1) Beaucoup de verbes viennent des noms, ce qui donne lieu à un grand nombre d'homonymes ou d'homographes, dont nous ne devons citer que quelques-uns. Ainsi nous avons *gare*, n. f., lieu pour mettre les bateaux à l'abri, et *gare*, de *garer*. D'autres verbes ressemblent à des noms, quoiqu'il n'y ait entr'eux aucune analogie pour le sens : une *ferme*, et *ferme*, de *fermer;* une *cure*, et *cure*, de *curer;* une *dame* (femme), et *dame*, de *damer*, qui vient de *dame* à jouer : *damer le pion*, etc.

Até, déesse du mal, ou fée malfaisante, dans la mythologie.

Heraut. La paix a été publiée par des hérauts.
Héros. La bataille a été gagnée par ce héros.
Héro, nom propre, l'amante de Léandre.

Heur, vieux mot, auquel on a substitué *bonheur*. On dit encore proverbialement : il n'y a qu'heur et malheur dans le monde.
Heure. Les vingt-quatre heures de la journée. Un livre d'heures, c.-à-d. un livre de prières pour l'office divin.
Heurt, choc, d'où l'on a fait *heurter* (*h* asp.) Un heurt survient.

Hochet. Les enfans jouent avec des hochets.
Hochait, verbe. Il hochait (secouait) la tête.

Hombre, m. , jeu de cartes. Une partie d'hombre.
Ombre, f. Les ombres de la nuit. Les ombres des morts.
Ombre, m., poisson du genre des truites. On l'appelle aussi *umble*, qu'on prononce *omble*.

Hôte. Je vais chez mon hôte
Hotte. Il porte la hotte.
Ote, verbe. Il ôte son chapeau.
Haute, f. de haut. Cette maison est haute.

Hui, vieux mot dont on a fait *aujourd'hui*.
Huis, porte, vieux mot dont on a fait *huissier*, gardien de la porte de l'audience. A huis clos, c.-à-d. les portes fermées.
Huit, adj. num. inv. (aspirez *h* ;) *t* ne sonne pas devant une consonne : huit soldats. Il sonne
Homon. 4

devant les noms de mois, parce qu'il n'est pas adj. de ces noms : le huit janvier est pour le huitième jour de....)

Hymne, poëme des anciens, n. m.
Hymne de l'église, n. f.

Ici, adv. de lieu. Venez ici, sortez d'ici.
Issy, village près de Paris, dont on croit que le nom vient de ce que la déesse Isis y avait un temple.

Il, pronom personnel. Il m'a dit qu'il partirait demain.
Ile, n. f. Robinson a vécu dans une île déserte.

Instant, n. m. L'instant du réveil.
Instant, pressant, adj. D'instantes prières.

Iris, déesse de la mythologie, messagère des dieux : les poètes ont ainsi divinisé le beau météore appelé *arc-en-ciel*, qui semble joindre le ciel à la terre. On donne aussi à cet arc le nom d'*iris*.
Iris, belle fleur du genre des lis.
Iris, partie colorée de l'œil, qui environne la prunelle. Ces trois noms masc. excepté lorsqu'on parle de la déesse.

Issu, sorti. Ce jeune homme est issu de bonne famille.
Issue, n. f. Cette affaire a une bonne issue. Les issues d'un château.

J

Jais ou *Jay*, espèce de bitume très noir, solide et susceptible d'être poli.

Jet. Un jet d'eau; canne d'un seul jet; un beau jet, canne sans nœuds; un jet de lumière.

Geai, oiseau. Le geai paré des plumes du paon.

J'ai, de *avoir*. J'ai des écoliers qui travaillent.

Jeune, adjectif. Un jeune homme.

Jeûne, n. m. Le jeûne est quelquefois utile.

Joue. Avoir les joues rebondies. Coucher le lièvre en joue, expression qui vient de ce que, pour viser mieux, on place son fusil contre la joue.

Joue, de jouer. L'acteur joue un rôle; on joue un mauvais tour à quelqu'un; on joue à la paume; on joue sa fortune.

L

La, article. La bonté du cœur.

La, pronom. Je la vois.

Là, adverbe. Il est là.

Lacs, filets, lacets. (*c* ne sonne pas.) Des lacs à prendre les loups.

Las, adjectif. Je suis las de mon voyage.

Las! Ancienne interjection, pour *Hélas!*

Lac, grand amas d'eau. Le lac de Genève.

Laque, n. f., gomme ou résine que produit une espèce de fourmis volantes. Quand on parle des ouvrages enduits de cette gomme, on fait le mot masc. Boîte d'un beau laque.

Lacer, lasser, V. *délacer, délasser.*

Lâche, adjectif. Souvent employé comme nom. C'est un lâche.

Lâche, verbe. Lâche la corde.

Laid, adjectif. Celui qui est vicieux est toujours laid.

Laie, femelle du sanglier.

Lait, le lait est bon au printemps.

Lais, jeune baliveau qu'on laisse dans une coupe de bois.

L'ait, le ait, de avoir. Puisqu'il veut ce livre, qu'il l'ait.

Lé, n. m. Largeur d'étoffe ou de toile entre deux lisières.

Legs, ce qui est laissé à quelqu'un par testament.

Les, article. Les noix anciennes sont âcres.

Les, pronom. Les aimez-vous?

Lès ou *lez*. Chaillot-lès-Paris, c'est-à-dire près de Paris.

Laon. (prononcez *lan*.) Chef-lieu du dép. de l'Aisne.

Lent, adj. L'aï est un animal très lent. Un esprit lent; le chagrin est un poison lent.

Laité. Un hareng laité, une carpe laitée.

Léthé, fleuve des enfers. (V. *oubli*.)

Lard. Les souris sont friandes de lard.

L'art, le art. L'art du tourneur.

Lares, dieux domestiques des païens.

Lesquels, pronom. pl. m. Lesquels des écoliers.

Lesquelles, pr. pl. f. Lesquelles des écolières.

Lest, n. m. Ce qu'on met au fond du vaisseau pour le tenir en équilibre dans l'eau. On en a fait le verbe *lester*. On se leste l'estomac en mangeant.

Leste, adj. Des troupes lestes, des propos lestes, c.-à-d. peu mesurés.

Leur, adj. possessif. Je suis leur meilleur ami ; nous sommes leurs meilleurs amis.

Leur, pron. personnel , invar. Je leur ai parlé.

Leurre, terme de chasse. Au figuré, un piége pour nous tromper. Prenez garde au leurre qu'on vous présente. On en a fait le verbe *leurrer*, c'est-à-dire chercher à tromper.

Lice, lieu où l'on fait les courses et autres exercices : courir dans la lice. — Sorte de fabrique de tapisserie : haute-lice, basse-lice. — Femelle du chien de chasse.

Lisse, une étoffe lisse, c.-à-d. unie. On en a fait le verbe *lisser*, donner la polissure.

Lis, fleur. Blanc comme un lis.

Lie, la lie de vin, la lie du peuple.

Lit. Un lit mollet.

Lis, verbe. Lis mieux.

Lieu, n. m. Un lieu enchanteur, des lieux déserts, des lieux communs , c.-à-d. des sujets vagues ou usés.

Lieue, n. f. Nous avons fait sept lieues.

Lion, le roi des quadrupèdes.

Lions, verbe. Lions nos intérêts.

Lyon, la seconde ville de France.

Lire, il faut lire avec attention.

L'ire (*ira*), vieux mot pour dire *colère*. On l'emploie encore dans la poésie.

Lire ou *lyre*, instrument de musique à cordes. La lire d'Apollon.

Livre, n. m. Ne lisez que de bons livres.

Livre, n. f. Une livre de sucre.

Livre, verbe. Tu te livres à tes ennemis.

4*

Loch, instrument de marine pour mesurer le sillage ou la marche d'un vaisseau.

Locke, philosophe anglais.

Lok, potion adoucissante.

Loque, du style familier. Un habit qui tombe en loques, c.-à-d. en pièces.

Loche, vieux verbe, pour dire qu'une chose n'est pas assujétie. Le fer du cheval loche.

Loche, petit poisson qui ressemble au goujon.

Loches, ville du dép. d'Indre-et-Loire.

L'on pour *le on*. La particule est euphonique, c.-à-d. pour éviter des sons durs. Si l'on dit. *Si on* choquerait l'oreille.

Long, adj. (*g* ne sonne pas devant une consonne.) Un long discours. On l'emploie comme préposition avec *de :* le long de la rivière.

Lord, seigneur anglais. Le lord Chesterfield. En adressant la parole à un lord, on l'appelle *mylord*.

Lors, adv. du style naïf. Lors il s'éloigne. Il est prép. avec *de :* lors de son mariage. *Dès-lors*, adverbe.

Louer une maison, la donner ou la prendre à location.

Louer, faire l'éloge.

Lourd, adj. Un fardeau lourd, un esprit lourd.

Loure, f. Terme de musique; sorte de danse grave, qui se bat à deux temps.

Loutre, n. f. Animal amphibie, de la grosseur du renard, fléau des étangs.

Loutre, n. m. Chapeau fait avec le poil de cet animal.

Lui, pronom personnel. C'est lui-même.
Luit, verbe. Le soleil luit pour tout le monde.

Lustre, fête solennelle dans l'ancienne Rome, qui revenait tous les cinq ans, et à l'époque de laquelle on faisait le recensement des citoyens. De là on appelait *lustre*, l'espace de cinq années, qui s'écoulait d'un lustre à l'autre. De là on dit aujourd'hui qu'une personne compte cinq lustres, c.-à-d. qu'elle a vingt-cinq ans.

Lustre, éclat. Le lustre d'une étoffe ; le lustre de la beauté.

Lustre, candelabre. Des lustres suspendus au plafond.

Luth, instrument de musique à cordes. Jouer du luth.

Lut, enduit pour boucher un vase. On en a fait le verbe *luter*, dans le même sens.

Lutte, n. f. Excercice où l'on se prend corps à corps, verbe correspondant *lutter*. Je lutte contre vous.

M

Ma, adj. poss. Ma sœur.

Mât d'un vaisseau, qui soutient les voiles. — *Mâter*, garnir de mâts.

Mat (bref), teinte sombre. Des couleurs mattes.

Mat aux échecs. Celui qui fait son adversaire mat, gagne la partie. De là peut-être le verbe *mater*, tourmenter.

Mai. Le mois de mai est un des plus beaux de l'année.

Mais, conjonction adversative. Il est doux, mais il n'est pas assez laborieux.

Mes, adj. possessif. Avez-vous fini mes affaires?

Mets, ce qu'on sert pour manger. Un mets délicat.

M'est, me est. Cela m'est indifférent.

Met, de mettre. Il met de l'encre sur ses livres.

Main. La main droite; main de papier; main-d'œuvre.

Maint, vieil adj., signifiant beaucoup. Maintes fois, maints ouvrages.

Mein, rivière d'Allemagne.

Maire, n. m. Le maire de la ville.

Mère, n. f. Vous avez une bonne mère.

Mer, grand amas d'eau. La mer est orageuse.

Maître. Voilà le maître de la maison.

M'être, me être. Cela pourra m'être avantageux.

Mettre. Il faut mettre de la délicatesse dans tous ses procédés.

Mètre, n. m. Mesure. Vendez-moi deux mètres de drap.

Malle, n. f. Coffre. Votre malle est-elle lourde?

Mal, n. m. Le plus grand mal est d'être vicieux et ignorant.

Mal, adverbe. Vous agissez mal.

Mâle. Le mâle et la femelle. Pris adjectivement, un courage mâle.

Manche, n. m. Un manche de couteau.

Manche, nom fém. La manche de l'habit. —La *Manche*, mer avant le Pas-de-Calais.

Manne (long), substance purgative, qui s'écoule du frêne.

Manne (bref), sorte de panier d'osier.

Mânes. Les dieux mânes. Ce mot se prend aussi pour les ombres des morts.

Mante, n. f. Grand voile noir.

Mantes, ville sur la Seine.

Menthe, plante balsamique. Des pastilles de menthe.

Mente, verbe. Qu'il ne mente pas.

Marc, ce qui reste de plus grossier d'une substance qu'on a pressée ou fait bouillir. Le marc du café.—Poids. Un marc d'argent.

Mare, amas d'eau dormante. L'eau des mares est mal-saine.

Mars. (*s* sonne.) Le mois de mars. Le dieu Mars.

Marchand, n. m. Un marchand de bois.

Marchant, participe de *marcher*. Je l'ai vu marchant avec peine.

Mari, n. m. Époux.

Marri, adj. du style familier. Fâché. Oui, son mari, vous dis-je, et mari très marri.

Martyre. Tourment pour la foi. Au figuré, peines violentes. Souffrir le martyre.

Martyr, celui qui souffre.

Matin, la fraîcheur du matin; le matin de la vie.

Mâtin, gros chien. Le mâtin était de taille à se défendre hardiment

---

Maur. Le village de Saint-Maur, près de Paris.

Maure, habitant de Mauritanie en Afrique.

Mord, de *mordre*. Il mord comme un chien.

Mors. Ce mors blesse la bouche du cheval.

Mort, n. f. La mort a des rigueurs.

Mort, participe de *mourir*. Colas est mort.

Maux, pl. de *mal*. Il a souffert des maux cuisans.

Meaux, ville du dép. de Seine-et-Marne.

Mot. Il faut se servir de mots usités, de termes propres et d'expressions justes.

Melon. Les melons sont salutaires dans les chaleurs.

Mélons, verbe. Nous mêlons nos larmes à celles de nos amis.

Mémoire, n. f. Avoir une bonne mémoire. Les filles de mémoire, c.-à-d. les Muses.

Mémoire, n. m. Apportez-moi votre mémoire, c.-à-d. l'état de ce que je vous dois.

Menton. — *Ment - on.* — *Mentons*. Pourquoi ment-on quand on a de la barbe au menton ? Pourquoi mentons-nous ?

Menton, ville de la principauté de Monaco, près de la mer.

Mépris. L'hypocrisie est digne de mépris.

Mépris, *méprit*. Je me suis mépris. Il se méprit en parlant à cette personne, qu'il prit pour une autre.

Messe. Entendre la messe.

Metz, chef-lieu de la Moselle.

Meurs, *meure*, *meurt*. Que deviendrai-je si tu meurs ? Mon ami se meurt. Que le coupable meure.

Mœurs, fém. sans sing. Habitudes. Le talent n'est estimable qu'avec les bonnes mœurs.

Mil pour *millet*, un grain de mil.
Mil pour *millième*, quand on date. L'an mil huit cent vingt-six.
Mille, adj. num. invar. Dix mille hommes.
Mille, n. m. var. Mesure itinéraire dans plusieurs pays. Nous avons fait un mille, trois milles.

Mine, n. f. Les mines d'or du Pérou.
Mine. Faire une triste mine.
Mine, nom de mesure. Une mine de blé.
Mine, verbe. Le chagrin mine la santé.

Mire, de *mirer*, viser. Le chasseur mire le gibier. — Se mirer, se regarder. Il se mire souvent.
Mire, n. f. La mire du fusil, l'endroit d'où l'on mire.
Mirent, de *mettre*. Les convives se mirent à table.
Myrrhe, parfum. Les rois offrirent de la myrrhe à l'enfant Jésus.

Mode, n. m. Manière d'être. Les verbes ont différens modes. Mode en musique, c.-à-d. le ton dans lequel une pièce de musique est composée.
Mode, n. f. Manière en vogue. Un habit à la mode.

Moi, pron. pers. Moi qui vous suis attaché.
Mois. Les douze mois ont été personnifiés par les poètes.

Môle, n. m. Jetée de pierre à l'entrée d'un port. Les môles de Gênes.
Môle, n. f. Masse de chair informe.

Mon, adj. possessif. Il a volé mon bien.
M'ont pour *me ont*. Ils m'ont dépouillé.
Mont. Le mont Saint-Bernard.

———

Mou, poumon de bœuf, de veau ou d'agneau.
Mou, *molle*, adjectif. C'est un homme mou.

———

Moud, de *moudre*. Il moud le blé.
Moue, faire la moue.
Moût, vin doux qui n'a point bouilli.

———

Mouche, n. f., insecte volant. On ne sait quelle mouche le pique. Un homme prend la mouche, quand il se fâche. On applique aussi ce mot à une espèce de jeu de cartes : jouer à la mouche, et à ces petits morceaux de taffetas noir que les femmes se mettaient autrefois sur le visage.
Mouche, verbe. Mouche-toi.

———

Moule, n. m. Le moule d'une statue.
Moule, nom fém., coquillage. La moule est indigeste.

———

Mousse, n. m. Jeune matelot.
Mousse, n. f. La mousse qui couvre les arbres.
— La mousse de certaines liqueurs.
Mousse, verbe. Le vin de Champagne mousse et pétille.

———

Mue. La mue des oiseaux. — On en a fait le verbe *muer*. Le serpent mue aussi, c.-à-d. change de peau, comme les oiseaux changent de plumes.
Mu, partic. de mouvoir. Il était mu, elle était mue par la pitié.

———

Mule, femelle du mulet. Les dames allaient autrefois montées sur des mules.
Mule, chaussure. On baise la mule du pape.

Mur, muraille. Le mur est élevé. On en a fait le verbe *murer*.

Mûr, adjectif. Dans sa maturité. Être dans l'âge mûr.

Mûre, n. f. Fruit du mûrier.

Musc. Animal approchant du chevreuil. — Liqueur que donne cet animal, et dont on fait un parfum.

Musque, de *musquer*. Cet homme se musque tant qu'il en pue.

N

Naît, de *naître*. L'homme naît faible.

N'est, pour *ne est*. Ce que vous dites n'est pas exact.

Net, adj. Cet enfant est net. Ce que je dis est clair et net. Comme le *t* sonne légèrement, il est homonyme du fém. *nette*.

Net, adverbe. Cela s'est cassé net.

Nèthe, f. Il y a deux rivières de ce nom das le royaume des Pays-Bas.

Né, *participe* de naître. Ce jeune homme est bien né.

N'ai, pour *ne ai*. Je n'ai pas ce que vous demandez.

Nez, n. m. Il a un pied de nez.

Neuf, adj. Des habits neufs.

Neuf, adj. num. inv. (*f* sonne seulement quand le mot est seul ou suivi d'une voyelle.) Neuf personnes; les neuf Muses; nous sommes au dix-neuf du mois.

Ni, conj. négative. Ce n'est ni lui ni vous.

Nid, n. m. L'oiseau fait son nid.

Homon.   5

N'y, pour *ne y*. Vous n'y pensez pas.
Nie, de *nier*. Il nie tout.

Noie, de *noyer*. Noie-toi, si tu veux. Les meilleurs nageurs se noient.
Noix. Voulez-vous des noix ?

Nom. Il ne sait pas signer son nom.
Non. Oui ou non.
N'ont, pour *ne ont*. Ils n'ont pas de raison.

Noyer, arbre. Une allée de noyers.
Noyer, *noyé*, *noyée*. Se noyer; elle s'est noyée ; ils se sont noyés.

Nu, *nue*, adj. Un usage bizarre fait *nu*, invar. quand il est avant certains noms. Nu-tête, nu-pieds, nu-jambes ; tête nue, pieds nus, jambes nues.
Nue, nuage. La nue va crever.
N'eut, pour *ne eut*, parfait. Il n'eut pas raison.
N'eût, pour *ne eût*, imparf. subj. Je voudrais qu'il n'eût pas ce défaut.

Nuit. Une nuit orageuse ; la nuit du tombeau. Que la nuit paraît longue à la douleur qui veille!
Nuis, *nuit*, verbe. Tu te nuis à toi-même. Combien ils se sont nui par leur mauvaise conduite !

O

OEuvre, masc. au sing. dans certaines locutions, 1° pour les ouvrages d'un musicien et d'un graveur : le second œuvre de Grétry ; tout l'œuvre de Calot ; 2° pour la pierre philosophale, ou autre grande opération de ce genre, ordinairement chimérique : le grand œuvre a ruiné bien des fous.

OEuvre, fém. dans tous les autres cas. Une bonne œuvre. Toutes les OEuvres de Corneille.

Office, n. m. Emploi, ou assistance. Un office de judicature. Rendre de bons offices.

Office, n. f. Lieu où l'on prépare et où l'on garde ce qui est servi sur table. Une grande office.

On, pron. indéf. Que dit-on ?

Ont, verbe. Qu'ont-ils fait ?

Or, métal. Comment en un plomb vil l'or pur s'est-il changé ?

Or, conj. Or, pour revenir à ce que nous disions.

Hors, prép. Hors de la ville. Ils sont tous rentrés, hors deux ou trois.

Oubli, n. m. Le Léthé était le fleuve d'oubli.

Oublie, n. f. Sorte de pâtisserie.

Oui. Dites-vous oui ?

Ouï, verbe. J'ai ouï parler de cela.

Ouïe, n. f. Il a l'ouïe dure.

Outre, n. f. Sac de peau de bouc, pour contenir des fluides. Des outres pleines d'huile.

Outre, prép. Outre la somme que vous reconnaissez me devoir, j'ai encore des réclamations à vous faire. Cette prép. forme des mots composés : les pays d'outre-mer, outre-passer. — On l'emploie comme adverbe : percer d'outre en outre. — On en a fait le verbe *outrer*, porter les choses au-delà des justes bornes.

P

Page, n. m. Jeune homme placé auprès des princes.

Page, n. f. La page d'un livre.

Pain. Du pain mollet.

Peint, de *peindre*. Ce tableau est bien peint.

Pin. Le pin est un arbre toujours vert.

Paire. Une paire de gants.

Pair. Les pairs de France.

Pair, égal. Traiter quelqu'un de pair à compagnon.

Père. Il faut mêler sa cendre aux cendres de ses pères.

Perd, de *perdre*. Il perd la tête.

Pais, de *paître*. Le bœuf paît.

Paix, n. f. Faire la paix.

Paix! interjection. Paix-là! paix donc!

Pal, m. Pièce aiguisée par le bout, d'où l'on a fait *empaler*. Au plur. *pals* mieux que paux.

Pale, fém. Pièce de bois dans les moulins, et autres usines. — Pâle, adj. Un jour pâle.

Palais. Le palais du roi. Le palais de la bouche.

Palet. Jouer au palet.

Palès (*s* sonne), déesse champêtre.

Palme, n. m. Nom d'une mesure.

Palme, n. f. Branche du palmier. Remporter la palme, c.-à-d. la victoire.

Pan. Dieu des bergers.

Pan, partie de vêtement, de mûr. Le pan d'une robe. Un pan de muraille.

Paon (prononcez *pan*). Cet oiseau était consacré à Junon.

Pend, de *pendre*. La noix pend à l'arbre. — Pends-toi.

Pansé. Une plaie pansée. Un cheval pansé.

Pensé. Cela est bien pensé.

Pensée, n. f. C'est une bonne pensée. En poésie, on emploie *penser* dans le même sens comme nom: des pensers généreux.

Pensée, nom d'une jolie fleur.

Pantomime, n. f. L'art d'exprimer une action par des gestes et sans parler. Jouer la pantomime.

Pantomime, n. m. Acteur qui joue la pantomime.

Pantomime, adj. Ballet - pantomime, c.-à-d. dans lequel une action s'exprime en gestes et en danses.

Pâque ou Pâques, n. m. Fête de la Résurrection de Jésus-Christ. Quand Pâque sera venu.

Pâques, au plur. fém. Pâques fleuries.

Pâques, n. f. Fête que les Juifs célébraient en mémoire de leur sortie d'Egypte.

Par, prép. Tout par amitié, rien par force.

Pars, *part*. de *partir*. Pars à l'instant.

Part, n. f. Donnez-moi ma part.

Pare, de *parer*. Cette dame se pare avec une élégante simplicité.

Parallèle, n. m. Comparaison. Faire le parallèle des anciens et des modernes.

Parallèle, n. f. Une parallèle.

Parallèle, adj. Les méridiens sont parallèles.

Parante, adj. verbal de parer. Cette étoffe est bien parante, c.-à-d. qu'elle habille bien. (famil.)

Parente. C'est une bonne parente.

Parc. Il possède un grand parc.

Parque. La Parque a tranché le fil de ses jours.

Parque , de *parquer*. Le berger parque ses moutons.

Pari, n. m. J'ai gagné le pari.

Parie, verbe. Je parie que cela n'est pas.

Paris. La ville de Paris.

Páris, fils de Priam, qui causa la ruine de Troie.

Parti, n. m. Vous prenez le bon parti.

Partie, n. f. Il a perdu la partie.

Partit, verbe. Je partis, il partit, elle est partie d'un éclat de rire.

Pas. Faire un faux pas ; sauter le pas.

Pas, particule qui complète *ne* , et qui se met seule dans certaines locutions. Ne faites pas cela. Pourquoi pas ? Pas un fruit.

Pâte. Pâte d'amande. Une bonne pâte d'homme.

Patte, la patte du chien. Graisser la patte.

Pâté, n. m. Le pâté est chaud.

Pâtée, n. f. La pâtée du chat.

Paume. La paume de la main. Jouer à la paume.

Pomme. Ce fruit joue un grand rôle dans la fable et dans l'histoire.

Pause, suspension. Faisons une petite pause.

Pose , de *poser*. Pose les armes.

Peau. Il a la peau blanche.
Pot. Un pot à l'eau.
Pó, fleuve d'Italie.

Pendule, balancier, n. m. Le pendule de l'horloge.
Pendule, horloge, n. f. La pendule est arrêtée.

Pêche. Fruit délicieux qui vient de la Perse.
Pêche. S'amuser à la pêche.

Péché. Un gros péché. De là le verbe pécher.
Pêcher. Arbre qui donne la pêche.
Pêcher, péché, verbe. Pêcher du poisson. Une carpe pêchée dans l'étang.

Pêne de la serrure, n. m.
Peine. Eprouver une grande peine.

Peinte. Des figures mal peintes.
Pinte, mesure. Une pinte de vin.

Période, n. f. Révolution d'un astre. Le soleil fait sa période en 365 jours et près de six heures. — Réunion de plusieurs phrases qui n'en font qu'une pour le sens. Une période arrondie.
Période, m. au figuré, dans le sens du plus haut point, du dernier point. Démosthène a porté l'éloquence à son plus haut période. Dans le dernier période de sa vie.
Des auteurs font ce mot masc. quand il est employé comme mesure de temps; mais ce n'est point le sentiment de l'Académie.

Perse. Le royaume de Perse. Un Perse. On appelle *Perse* au fém. une toile peinte qui vient de ce pays.

Perse, nom d'un poète latin, satirique.

Perce, verbe. Le maçon perce un mur. — On en a fait un nom : mettre un tonneau en perce. — Il sert pour des noms composés : perce-neige, perce-oreille.

Personne, avec négation, m. Personne n'est plus heureux.

Personne, sans nég. f. C'est une personne de mérite.

Peu, adv. Heureux qui se contente de peu !

Peux, verbe. Tu peux ; que peut-il faire ?

Pic, n. m. Instrument de fer pour briser les rochers. — Pointe d'une montagne élevée : le pic de Ténériffe.

Pique, n. m. L'as de pique.

Pique, n. f. Arme offensive, que le fusil a fait abandonner.

Pique, brouillerie (familier). Avoir une pique avec son ami.

Pique, verbe. Il se pique pour rien. Se piquer d'honneur.

Pie, oiseau babillard et voleur. On appelle cheval pie, celui qui a de grandes taches blanches et noires, imitant le plumage de la pie.

Pie, nom de plusieurs papes. Pie VII.

Pie, adj. Des œuvres pies, c.-à-d. pieuses.

Pieu, n. m. Planter un pieu.

Pieux, adj. C'est un homme pieux.

Pinçon, marque noire qui reste quand on a été pincé.

Pinson, oiseau. Le pinson chante bien.

Pensum, nom latin, tâche. Faites votre pensum.

Pivoine, m. Oiseau.
Pivoine, f. Fleur.

Plaie, n. f. La plaie n'est pas mortelle.
Plaît, verbe. S'il vous plaît.
Plaid. Tenir les plaids, c.-à-d. l'audience.

Plain, uni. Le plain-chant de l'église.
Plein, rempli. Un tonneau plein.
Plains, verbe. Je vous plains, il nous plaint.

Plaine, n. f. Voilà une belle plaine.
Pleine, fém. de plein. La cave est pleine d'eau.

Plainte, n. f. Faire ses plaintes.
Plainte, partic. Cette femme s'est plainte. (locution dure.)
Plinthe, n. f. Terme d'architecture et de menuiserie.

Plan. Faire le plan d'un ouvrage ; lever un plan.
Plant, plantation. Un plant d'asperges.

Plane, adj. Une surface plane. De là le verbe *planer*. On plane une planche de cuivre, afin de la rendre bien unie pour la gravure.
Plane, n. m. Bel arbre, appelé aussi *platane*.

Poële, n. m. Se chauffer au poële. Tenir le poële, c.-à-d. le drap funéraire, dans un enterrement, le voile au-dessus des mariés, etc.
Poële, n. f. Une poële à frire.

Poids, fardeau. Vous portez un grand poids.
Pois, légume. La saison des petits pois.
Poix, matière gluante et noire.

Point, nom. Voilà le point essentiel.
Point, négation. Point du tout. (Voy. *Pas*.)
Poing. Frapper à poings fermés.
Poind, vieux verbe, de *poindre*, percer.

Poiré, n. m. Boisson faite avec du jus de poires.
Poirée, n. f. Plante potagère.

Polacre, n. m. Cavalier polonais.
Polacre, n. f. Sorte de barque. (On dit aussi
pour les deux, *polaque*.)

Pompe, pour élever l'eau. La pompe à feu.
Pompe, appareil. La pompe d'un triomphe;
pompe funèbre.

Pond, de pondre. La poule pond.
Pont, n. m. Le Pont-Neuf.

Porc, n. m. Il a tué son porc.
Pore, n. m. Ouverture presque imperceptible.
Notre peau est criblée de pores. Les pores du
verre, du bois, des métaux.
Port. Un port de mer. Arriver à bon port.
Port d'armes. Titre qui donne le droit de porter
des armes.

Poste, n. m. Un militaire doit mourir à son
poste. Occuper un poste éminent.
Poste, n. f. Les lettres arrivent par la poste.

Pouce, n. m. Le pouce de la main.

Pousse, verbe. Pousse la charrette.
Pousse, n. f. Maladie des chevaux.

Pouls. Battement des artères. Son pouls est faible.
Pou, insecte.
Pou-de-soie, n. m. Etoffe de soie.

Pourpre, teinture tirée du pourpre. La pourpre des rois.
Pourpre, n. m. Poisson à coquille, d'où l'on tirait la couleur de pourpre. — Maladie qui produit de petites taches rousses. Il est mort du pourpre.

Près, préposition. Il est près de partir.
Prêt, adj. Il est prêt à partir.
Prêt, n. m. Faire un prêt à quelqu'un.

Présent, n. m. L'amitié, présent des Dieux.
Présent, adj. Le moment présent.

Prête, fém. de prêt. La victime était prête.
Prête, de *prêter*. On ne prête qu'aux riches.

Préteur. Un prêteur sur gages.
Préteur, magistrat romain.

Prie, de *prier*. Je vous prie instamment.
Pris, *prit*, de *prendre*. Il prit son cheval. Il est pris.
Prix, n. m. Ce prix est excessif. Il a remporté beaucoup de prix.

Prier à dîner.
Prière. Faire d'instantes prières.

Puce, insecte.

Pusse, de pouvoir. Je voudrais qu'ils pussent en venir à bout.

Puis, adv. Il va, puis il revient.

Puis, de pouvoir. Je puis vous satisfaire.

Puits, n. m. Le puits est profond.

Q

Quelque, adj. devant un nom. Quelque science et quelques talens que vous ayez.

Quelque, conjonction adverbiale invar. devant un adj. Quelque riches qu'ils soient.

Quel que, séparés du nom par le verbe *être*, deux mots, *quel*, var. quel que soit votre mérite. — Quelle que soit votre fortune. — Quels que soient vos besoins. — Quelles que soient vos erreurs.

Qu'est-ce, que est-ce. Qu'est-ce donc?

Caisse, n. f. La caisse est fermée.

Quête, n. f. On a fait une bonne quête.

Quête, verbe. On quête dans l'église.

R

Raie, n. f. Poisson plat et large. — Trait en long.

Rais, n. m. Rayon de roue.

Rets, n. m. Jeter les rets dans la rivière; prendre quelqu'un dans ses rets.

Rez, prépos. Rez-terre, joignant la terre. — Nom : rez-de chaussée.

Raiponse, n. f. Plante que l'on mange en salade.

Réponse. Vous faites une mauvaise réponse.

Raisonner, faire des raisonnemens. Cet homme raisonne bien.

Résonner, retentir. Cet instrument résonne fort.

Ras, adj. Velours ras, rase campagne.

Rat. Le combat des rats.

Rauque, adj. Voix rauque.

Roc, rocher. Cœur de roc.

Récent, adj. Un événement récent.

Ressent, verbe. Je me ressens de ma chûte.

Rein, avoir mal aux reins.

Rhin. Le Rhin se perd dans les sables.

Remise, n. m. Carrosse de louage.

Remise, n. f. Lieu pour mettre les voitures à couvert. — Petit bois dans une plaine. — Délai : demander une remise à l'audience. — Abandon d'une somme : faire une remise à un marchand, etc.

Rends, *rend*, de *rendre*. Il se rend. Rends-toi.

Rang, n. m. Il tient un rang élevé.

Rêne, courroie de la bride d'un cheval. Sa main sur ses chevaux laissait flotter les rênes. Les rênes de l'Etat.

Reine, l'épouse d'un roi. Les reines de France. Rome, la reine des cités. La rose, reine des fleurs.

Rennes, chef-lieu du dép. d'Ille-et-Vilaine.

Rheims et *Reims*. Les rois de France sont sacrés à Reims.

Rince, verbe. Rince les verres.

Riom, ville du dépd u Puy-de-Dôme.

Homon. 6

Rions, verbe. Rions, chantons.

Ris, *rit*, verbe. Je ris, ils rient.
Ris, n. m. Il a un ris gracieux.
Riz, grain. Le riz est une nourriture saine.

Rob, n. m. Suc dépuré de fruits cuits à la consistance de miel ou de sirop épais.
Robe, n. f. Sa robe traîne.

Roi. C'est un bon roi.
Rouet, machine à roue pour filer.
Roye, ville du dép. de la Somme.

Roman. Il y a très peu de romans bons à lire.
Romand, canton de Suisse.
Romans, ville du dép. de la Drôme.

Romps, de *rompre*. Tu me romps, il me rompt la tête.
Rond, adj. Ce bassin est rond. Un homme rond.

Roue, n. f. La fortune est sur une roue.
Roux, adjectif. Cet enfant est roux.

Rue, courir les rues.
Rue, f. Plante médicale.
Rue, de ruer. Le cheval rue.

S

Sainte, adj. C'est une sainte.
Saintes, autrefois *Xaintes*, chef-lieu du dép. de la Charente-Inférieure.

Sale, adj. Un enfant sale. Des paroles sales, c.-à-d. malhonnêtes.

Salle, n. f. Une belle salle. Salle d'armes. Salle de spectacle.

Satyre, n. m. Dieu champêtre.
Satyre, n. f. Poème joyeux chez les anciens, dont les satyres étaient les principaux personnages.
Satire, n. f. Discours mordant. Aimer la satire.

Savon pour blanchir le linge.
Savons, verbe. Que savons-nous?

Saut, faire un saut périlleux.
Sceau, grand cachet, ou l'empreinte même faite sur la cire.
Seau. Un seau d'eau. Il pleut à seaux.
Sot, adj. Vous n'êtes pas un sot.
Sceaux, bourg près de Paris.

Sceller, seller, celer. (Voy. *déceler*, etc.)

Serein, n. m. Vapeur du soir. Le serein est quelquefois dangereux.
Serein, eine, adj. Un temps serein. Un front serein.
Serin, oiseau. Le chant du serin est agréable.

Simple, adj. La simple nature.
Simple, nom vulgaire donné aux plantes médicinales. Connaître les simples.

Soc, fer large et pointu qui fouille la terre. Le soc de la charrue.
Soque, espèce de chaussure.

Soi, pron. pers. On se fait tort à soi-même.
Soie, n. f. Un habit de soie.
Soit, présent subj. de être. Je désire qu'il soit instruit. — *Soit*, conjonction.

Souhait, n. m. Les souhaits de bonne année.

Sol, note de musique.
Sol, terrein. Sol sablonneux.
Sole, n. f. Corne du pied des chevaux.
Sole, n. f. Poisson.
Saule, arbre qui se plaît sur le bord des eaux.

Somme, pour sommeil, n. m. Faire un bon somme. — Fém. dans les acceptions suivantes :
Somme, charge : une bête de somme.—Total : à quelle somme monte le mémoire de vos fournitures ? — Abrégé, conclusion : somme toute, c.-à-d. en définitive, que voulez-vous ?
Somme, rivière de Picardie.

Son, écorce du blé. Vendre le son avec la farine.
Son, impression des vibrations de l'air sur notre oreille. Son de voix agréable.
Son, adj. possessif. Son frère. Employé au fém. devant une voyelle : son épée.
Sont, verbe. Ces deux frères sont bien unis.

Sonnet, petit ouvrage de poésie. Un sonnet sans défaut vaut seul un long poème.
Sonnait, verbe. Il sonnait, tu sonnais.

Sonnez, nom du nombre *douze*, produit par le double *six*, au jeu de trictrac. Amener un sonnez.
Sonnez, *sonné*, *sonner*. verbe. Qui a sonné ?

Sort, pris pour le destin. Le sort me poursuit. Dans un sens analogue, mais plus général : tâchez de rendre votre sort heureux.
Sort, *sorts*, sortiléges. Les gens simples croient qu'on peut jeter des sorts sur eux.

Sors, verbe. Je sors à l'instant.

Saur, de *saurer*, sécher à la fumée. Un hareng saur.

Cheval *saure*, dont la couleur est d'un jaune tirant sur le brun.

Souci, inquiétude. Être dévoré de soucis.

Souci, fleur d'un beau jaune.

Soulci (*l* ne sonne pas), très petit oiseau.

Soude, n. f. Cendre de la plante appelée kali, qui entre dans la composition du savon et du verre.

Soude, verbe. On soude, c.-à-d. on joint ensemble des pièces de métal.

Soufflet, pour souffler le feu.

Soufflet, coup de la main sur la joue.

Souffleur, à la forge, à l'orgue, au spectacle.

Souffleur, grand poisson du genre des baleines.

Soul, adj., autrefois *saoul*. Il est soul.

Sou, autrefois *sol*. Cela ne vaut pas un sou.

Sous, préposition. Il s'est mis sous un arbre.

Souris, n. m. Avoir un souris gracieux.

Souris, n. f. Une souris blanche.

Statue. Élever une statue.

Statue, verbe. La loi statue, c.-à-d. ordonne.

Statut, réglement. Les statuts de l'Ordre de la Légion-d'Honneur.

Suie, n. f. La cheminée est pleine de suie.

Suis, *suit*, de *suivre*. Il suit les lois de l'honneur.

Suis, de *étre*. Je suis votre ami.

6*

Súr, certain. Ce que je vous dis est sûr. Une chose sûre.

Sur, aigre. Du vin sur.

Sur, préposition. Sur la table.

T

Ta, adj. possessif. Chéris ta patrie.

Tas (long). Un tas de blé ; un tas de vauriens.

———————

Tache (bref). Une tache sur l'habit ; une vie sans tache.

Tâche (long). Remplir sa tâche. — Verbe *tâcher*. Tâche de mieux faire.

———————

Taie, n. f. Enveloppe d'un oreiller.

Taie, pellicule. Une taie sur l'œil.

Tet, fragment d'un pot de terre.

———————

Tain, lame d'étain que l'on met derrière les miroirs. Mettre une glace au tain.

Teint, manière de teindre les étoffes. Le bon teint. — Coloris du visage. Il a un teint vermeil.

Teint, participe de *teindre*. Teint en rouge.

Tins, de *tenir*. Il me tint parole.

Thym, plante odoriférante. Le thym sent bon.

———————

Taire, verbe. Il faut savoir se taire.

Terre, n. f. Une terre fertile.

———————

Tan, n. m. Poudre de l'écorce des chênes.

Tant, adv. de comparaison ou de quantité. Il a perdu tant d'argent qu'il n'a plus rien.

Temps. Le temps s'envole.

T'en, te en. Il t'en donnera.

Tend, de *tendre*. Tu tends à ta perte.

Tante. J'ai une bonne tante.
Tente. Les soldats logent sous la tente.

Tapis. Un tapis vert.
Tapi, de tapir. Il rêve, tapi dans un coin.

Tapir. Se tapir, c.-à-d. se cacher, dans un blé.
Tapir, grand quadrupède de l'Amérique.

Tare, déchet sur les marchandises. On déduit la tare.
Tard. La journée est perdue pour qui se lève *tard.* On en fait un nom : j'irai vous voir sur le tard.

Taupe, petit animal noir, qui fouille la terre. Noir comme une taupe.
Tope, verbe (familier; *o* bref.) Je tope à cela, c.-à-d. je suis d'accord.

Tendre, verbe. Tendre un piége.
Tendre, adj. Un cœur tendre.

Terme, borne. Arriver au terme de ses travaux. De là le dieu *Terme,* chez les anciens.
Terme, expression. Se servir de termes convenables.
Thermes, édifice pour les bains.

Tien, adj. poss. empl. comme nom. Le tien et le mien.
Tient, verbe. On en a fait un nom dans ce proverbe : un tiens vaut mieux que deux tu l'auras.

Tiran, tyran, prince cruel. Néron était un tyran.
Tirant, n. m. Les tirans des souliers.

Tirant, participe de *tirer*. C'est un homme avide, tirant tout à lui.

Toit. Habiter sous le même toit.
Toi, pronom personnel. Toi ou moi.

Ton, adj. possessif. Fais ton ouvrage.
Ton, n. m. Il a bon ton. Le ton de la conversation. Ton de couleur.
Tond, verbe. Le berger tond les brebis.
Thon, gros poisson.
Taon (ton), grosse mouche à aiguillon.

Tords, de *tordre*. Je tords. La blanchisseuse tord le linge.
Tors, *torse*, adj. Qui est tordu, ou en a la figure. Un cou tors, une colonne torse.
Tort, n. m. Vous avez tort. A tort et à travers.

Tôt, adv. Tôt ou tard.
Taux, prix établi. C'est le taux courant.

Tour, n. m. Faire un tour de promenade.
Tour, n. f. Une tour élevée.
Tours, chef-lieu du dép. d'Indre et Loire.

Tout, n. m. Chose considérée dans son entier. Le tout est plus grand que la partie.
Tout, adj. Tout le monde, toute la terre, tous les hommes.
Tout, adv. Entièrement, tout-à-fait. Je suis tout malade. Ils sont tout autres; elles sont tout autres. Variable, quoique adverbe, devant un adj. fém. commençant par une consonne : elle est toute pâle.
Toux, n. f. Il a une toux violente.
Toue, n. f. pour faire avancer un navire. On en a fait le verbe *touer*.

Trais, verbe. La laitière trait la vache.

Trait, n. m. Lancer un trait. Un trait d'histoire. Trait de scie. Cheval de trait.

Très, adverbe. Cela est très bien.

Tribu, n. f. Une des parties dont un peuple est composé. Le peuple romain était divisé en tribus.

Tribut, n. m. Impôt, dette. Le vainqueur impose un tribut sur le peuple vaincu. Payer le tribut à la nature, c.-à-d. mourir.

Troie, ville ancienne, détruite par les Grecs.

Troyes, chef-lieu du département de l'Aube.

Trois, adj. num. Les trois Grâces.

Trompette, n. f. Instrument à vent. Le son de la trompette.

Trompette, n. m. Le musicien qui sonne de la trompette.

Trop, adverbe. Vous faites trop peu de devoirs.

Trot, n. m. Manière de marcher d'un cheval.

Tu, pron. pers. Que me veux-tu?

Tu, partic. Il s'est tu; elle s'est tue.

U

Une, fém. de *un*. Une heure.

Hune. (aspirez *h*.) Petit observatoire sur le haut du mât d'un vaisseau. Monter à la hune.

User, employer. Usez de tout, n'abusez de rien. On en a fait un nom : une étoffe d'un bon user.

User, détruire peu à peu. Les habits s'usent.

Un homme usé, c.-à-d. affaibli par l'âge, le travail, etc.

V

Vague, adj. Tenir des discours vagues. — On en a fait un nom : le vague de l'air ; puis le verbe *vaguer*, errer çà et là, peu usité.

Vague, n. f. La vague, c.-à-d. le flot en mer.

Vain, adj. Faire de vains efforts. Un homme vain.

Vin. Le vin vieux.

Vingt, adj. num. Quatre fois cinq font vingt. Quatre-vingts hommes ; quatre-vingt-dix hommes. (v. *cent*.)

Vins de *venir*. Tu vins, il vint fort tard.

Vaine, fém. de *vain*. Vaine gloire.

Veine, vaisseau dans lequel le sang circule. Piquer la veine.

Van, n. m., espèce de corbeille pour agiter et nettoyer le grain. On en a fait le verbe *vanner*.

Vent. Le vent du nord.

Vase, n. m. Un vase plein d'eau.

Vase, n. f. Bourbe. La vase d'un étang.

Vaud, canton de Suisse.

Vaux, *vaut*, de *valoir*. Il vaut mieux.

Vaux, plur. du vieux mot *val*, pour dire vallée. Courir par monts et par vaux.

Veau, petit de la vache. La chair de veau.

Vos, adj. possessif. Songez à vos affaires.

Ver. Un ver de terre.

Vert, adj. Les prés sont verts. Ce vieillard est encore vert, c.-à-d. a encore de la vigueur.

Vert, n. m. Les chevaux sont au vert.

Verre, corps transparent. — Vase à boire, ou ce qu'il contient. Un verre de vin.

Vers, paroles arrangées suivant les règles de la poésie. On peut être honnête homme, et faire mal des vers.

Vers, prép. Tournez-vous vers moi. Vers la fin de l'automne.

Vesce, légume. On nourrit les pigeons avec de la vesce.

Vesse-de-loup, faux champignon.

Veux, de *vouloir*. Où veut-elle aller?

Vœu, n. m. Il fait des vœux ardens.

Vigogne, n. m., espèce de mouton du Pérou.

Vigogne, n. f., laine fine du Vigogne.

Vil, *vile*, adj. C'est un homme vil. Acheter à vil prix.

Ville. Il y a de belles villes en France.

Vis, n. f. Cette planche est retenue par une vis. (*s* sonne).

Vice, n. m. Le mensonge est un vice odieux.

Voie, route. Il faut passer par une voie étroite. — Une voie de bois. Une voie d'eau. — Des voies de fait, actes de violence.

Voix. Il a une belle voix.

Vois, de *voir*. Il ne voit rien.

Voile, n. m. Se couvrir de son voile.

Voile d'un vaisseau, n. f. Mettre à la voile.

Voile, verbe. La nature voile ses opérations.

Voir, verbe. Il faut voir clair dans ses affaires.

Voire, vieux adverbe pour dire *bien plus*, *même*. Chapitres de moines, voire chapitres de chanoines.

———

Vol de l'oiseau.

Vol, soustraction. Les deux verbes *voler* avec les différences analogues de signification.

———

Volant, adj. verbal. Feuille volante.

Volant, n. m. Jouer au volant.

———

Volée, n. f. Une volée.

Volée, partic. Montre volée.

Volet, fermez ce volet.

Y

Y, adv. de lieu. Je m'y rends à l'instant.

Y, pron. invar. J'y répondrai. Fiez-vous y. — Le premier peut aussi être considéré comme pronom.

Z

Zéphir, vent doux. Le zéphir annonce le printemps.

Zéphire, le vent doux personnifié. Le dieu Zéphire.

———

Zest ou *zeste*, interjection. Zest! elle s'en alla. Entre le ziste et le zest, proverbe qui signifie tant bien que mal.

Zeste, cloison de la noix. — Partie mince de l'écorce d'orange ou de citron. Cela ne vaut pas un zeste.

FIN.

des mesures de salut public ; il récla[
temps la suspension de la séance jus[
du rapport.

Le rapport était prêt, et, après l[
devait demander l'expulsion de so[
bres, républicains *purs*, que les hom[
appelaient alors démagogues.

La motion de Gaudin est le signa[

Les démagogues se précipitent à la [
ils remplissaient les avenues et les pl[
Ils poussent des cris de fureur : *Li[*
ou la mort!... périssent les dict[
baïonnettes ne nous effraient pas !...
libres ici!... nous périrons à notre p[

e n'existe plus ; l'ordre du jour

pour que des courriers extraordi[
dans tous les départemens la liste
ont prêté le nouveau serment.
, le Conseil des Anciens transmet
Barras, contenue dans la lettre

]présentans,

]res publiques, uniquement par ma passion
] consenti à accepter la première magis-
]our la soutenir dans les périls par mon
]erver des atteintes de ses ennemis les
]ans sa cause, et pour assurer aux défen-
]soins particuliers qui ne pouvaient jour[

www.ingramcontent.com/pod-product-compliance
Lightning Source LLC
Chambersburg PA
CBHW070913280326
41934CB00008B/1698